एक वरदान

(छत्तीसगढ़ की लोक कथाएं)

रामकुमार वर्मा

प्रकाशन विभाग
सूचना और प्रसारण मंत्रालय
भारत सरकार

प्रथम संस्करण : वर्ष 2012 (शक 1934)

मूल्य : ₹ 155.00

ISBN : 978-81-230-1829-4
CHL-HIN-OP-060-2012-13

अपर महानिदेशक, प्रकाशन विभाग, सूचना और प्रसारण मंत्रालय, भारत सरकार, सूचना भवन, सी.जी.ओ. कॉम्प्लेक्स, लोधी रोड, नई दिल्ली-110003 द्वारा प्रकाशित

वेबसाइट : www.publicationsdivision.nic.in

संपादन : सीमा रानी

आवरण सज्जा : आर.एस. रावत

विक्रय केंद्र ● सूचना भवन, सी.जी.ओ. कॉम्प्लेक्स, लोधी रोड, **नई दिल्ली**-110003 ● हॉल नं. 196, पुराना सचिवालय, **दिल्ली**-110054 ● बी-701, केंद्रीय सदन, सीबीडी बेलापुर, **नवी मुंबई** - 400614 ● 8, एस्प्लेनेड ईस्ट, **कोलकाता**-700069 ● राजाजी भवन, बेसेंट नगर, **चेन्नई**-600090 ● बिहार राज्य सहकारी बैंक बिल्डिंग, अशोक राजपथ, **पटना**-800004 ● प्रेस रोड, निकट गवर्नमेंट प्रेस, **तिरुअनंतपुरम**-695001 ● हॉल नं. 1, द्वितीय तल, केंद्रीय भवन, सेक्टर-एच, अलीगंज, **लखनऊ**-226024 ● ब्लाक नं. 4, गृहकल्प कॉम्प्लेक्स, एम.जी.रोड, नामपल्ली, **हैदराबाद**-500001 ● प्रथम तल, 'एफ' विंग, केंद्रीय सदन, कोरामंगला, **बंगलूरु**-560034 ● अंबिका कॉम्प्लेक्स, प्रथम तल, पालदी, **अहमदाबाद**-380007 ● हाउस नं. 07, न्यू कालोनी, चेनीकुथी, के.के.बी. रोड, **गुवाहाटी**-781003

टाईपसेटर : प्रिंटो-वर्ल्ड, 2579, मंदिर वाली गली, शादीपुर, नई दिल्ली-110008
मुद्रक : आई जी प्रिंटर्स प्रा. लि., नई दिल्ली-20

विषय-सूची

सियार और ढेला

एक समय की बात है। सियार और मिट्टी का ढेला दोस्त बन गए। तब से दोनों एक साथ घूमते-फिरते। नदी-नाले, खेत-खलिहान, पहाड़-पर्वत सभी जगह एक साथ जाते। एक दिन दोनों नदी में नहाने गए। सियार पहले नदी में उतरा। फिर ढेला भी पानी में उतर गया। सियार नहा-धोकर बाहर निकल आया। पर ढेला पानी में घुल गया।

तब सियार नदी से कहता है, ''मित्र दो, नहीं तो मछली दो।'' नदी उसे मछली दे देती है। वह मछली लेकर जाता है और एक पेड़ पर टांग देता है। थोड़ी देर में एक चील आती है और मछली को लेकर उड़ जाती है। सियार उस पेड़ से कहता है, ''मछली दो नहीं तो फल दो।'' पेड़ उसे फल दे देता है। वह फल लेकर गौशाला में जाता है और दीवार में बने आले में उसे रख देता है। उसे ग्वाला देख लेता है और लालच में आकर फल को खा लेता है।

सियार ग्वाले पर गुस्सा हो जाता है और कहता है, ''फल दो, नहीं तो बकरी दो।'' ग्वाला एक बकरी दे देता है। सियार बकरी को लेकर एक गांव में चला जाता है। वहां एक घर में विवाह हो रहा था। उसी घर में बकरी को बांधकर पहाड़ की ओर चला जाता है। यहां उसके आने तक मेहमान लोग बकरी को मारकर खा जाते हैं। वापस आने पर सियार सबको डांटते हुए बोला, ''बकरी दो, नहीं तो लड़की दो।'' विवाह में आए मेहमान डर गए। वे लोग उसी दिन बारात लेकर लौटे थे। घर में नई दुल्हन आई थी। सभी घबरा गए कि क्या करें? इसकी बकरी को तो हम लोग मारकर खा गए हैं। अब क्या करें? फिर सभी सलाह करके नई दुल्हन सियार को देने की सोचने लगे।

सियार गुस्सा हो कर कहता है, ''क्या सोच रहे हो? जल्दी बताओ। नहीं तो मैं यहीं पर अफरा-तफरी मचा दूंगा। बकरी को मार कर खा गए और अब चुप हो गए हो?''

सियार के नथूनों को फूला देखकर मेहमान डर गए। दुल्हे ने भी बकरी का मांस खाया था। वह भी डर गया। सियार उसके पास गया और बोला, ''कैसे बकरी का मांस खाते समय अच्छा लगा? अब कैसे मुंह से आवाज नहीं निकल रही है? बकरी दो, नहीं तो दुल्हन दो।'' कहकर सियार ने दुल्हन की बांह पकड़कर खींच ली। सभी मेहमान देखते रह गए। सियार वहां से उछलते-कूदते निकला और इस गांव से उस गांव घूमने लगा। वह जहां भी जाता,

वहां के लोग उससे पूछते, "तुम इस औरत को कहां से लाए हो?" तब सियार नाच-नाच कर बताता—

"मित के बदला मछरी पायेंव, मछरी के बदला फर पायेंव।
फर के बदला छेरी पायेंव, छेरी के बदला नोनी पायेंव।।"
"मित्र के बदले मछली पाया, मछली के बदले फल पाया।
फल के बदले बकरी को पा, बकरी के बदले लड़की को पाया।।"

दुल्हन पाकर सियार अपने दोस्त ढेला को नहीं भूला। उसने सभी बातें दुल्हन को साफ-साफ बता दी। दोनों बहुत दिन तक जीवित रहे।

दाल भात पक गया। मेरी कहानी पूरी हो गई।

■

सर्प बेटा

एक समय की बात है। एक गांव में एक किसान ने अपने बेटे का विवाह किया। किसान धनी-मानी था। बड़ी धूमधाम से विवाह किया। गांव के साथ ही आसपास के लोगों को भी न्यौता दिया।

कुछ समय बीत जाने के बाद बहू को घर लाया। घर में नई बहु के आने से किसान के परिवार में खुशी छा गई। बहू भी ससुराल आकर खुश थी। सभी उसे स्नेह देते। वह सभी का सम्मान करती।

जैसे-तैसे वर्ष भर बीतने के बाद बहू ने एक लड़के और एक सर्प को जन्म दिया। किसान और उसके परिवार के लोग बड़े परेशान हुए। क्योंकि लड़का और सर्प एक साथ पैदा हुए थे। इसलिए सर्प को भी बच्चे की तरह पालना पड़ा।

बहू अपने लड़के के साथ ही उस सर्प बेटे का भी खूब ध्यान रखती। सर्प लड़के के साथ-साथ बढ़ता गया। वह घर व बाहर किसी को भी कुछ नुकसान नहीं पहुंचाता था। आस-पास के लोग, छोटे-छोटे बच्चे भी उसके साथ खेला करते थे।

समय बीतता गया। लड़का जवान हो गया। वह घर-बाहर का पूरा काम संभालने लगा। तब किसान को उसकी शादी करने की इच्छा हुई। उसने अपनी पत्नी से इस बारे में बात की। उसने भी बेटे की शादी के लिए हामी भर दी। लेकिन उसे दूसरे बेटे सर्प की भी चिंता सताने लगी।

लड़का दिन भर काम करने घर से बाहर चला जाता। पर सर्प घर में व आसपास घूम-फिर कर वापस आ जाता। वह चूल्हे के भीतर ही रोज कुंडली मारकर बैठ जाता। खाना बनाने से पहले उसे वहां से हटा देते। ऐसा करते कई साल बीत गए।

लड़के के विवाह के बाद बहू घर आई। पहले-पहले तो वह सर्प से डरने लगी। यह जानकर उसे बेहद अचरज भी हुआ कि सर्प उसका देवर है। उसकी सास ने भी सारी बात बता दी। और उसकी देखभाल ठीक से करने की सलाह दी। वह भी राजी-खुशी तैयार हो गई।

बहू अपने पति के साथ ही परिवार वालों का पूरा ध्यान रखती। सभी काम लगन से करती, सर्प देवर का भी पूरा खयाल रखती। खाना बनाने से पहले चूल्हे की साफ-सफाई करती। वहां बैठे सर्प को हटा लेती। तब चूल्हे में आग जलाती। ऐसा करते-करते काफी समय बीत गया।

बहू के भी छोटे बच्चे हो गए। वह घर के अन्य काम के साथ बच्चों की देखभाल में समय लगाने लगी। उसका काम बहुत बढ़ गया। उसका ध्यान इधर-उधर भटक जाता। उसकी सास ने एक तरीका बताया। कहा, "तुम खाना बनाने के पहले चूल्हे के पास जाकर बोलना, "निकलो हो देवर। खाना बनाना है।" इतना सुनकर सर्प बाहर निकल आएगा। फिर चूल्हे में आग जलाना।

बहू सास के कहे अनुसार चूल्हे के पास जाकर आवाज लगाती। सर्प भी इस नियम को अच्छी तरह से समझ गया था। वह आराम से चूल्हे के भीतर जाकर सोया रहता। फिर खाना बनाने के पहले बहू आवाज देकर उसे बाहर निकाल लेती।

एक दिन की बात है। बहू अपने बच्चों की देखभाल में मगन थी। उसे किसी अन्य बात का ध्यान न रहा। उसके ससुर व पति काम से लौटने वाले थे। अभी तक खाना बनाना शुरू नहीं हुआ था। वह बहुत परेशान हो गई। उसकी सास भी घर पर नहीं थी। झटपट चूल्हे के पास गई और लकड़ियां चूल्हे में ठूंस दी। झट से आग लगा दी। लकड़ियां चरचरा कर जलने लगी।

आज उसने झटपट खाना बना डाला। तभी थोड़ी देर में उसकी सास भी घर लौट आई। तब तक उसके पति व ससुर भी आ गए। हाथ-पांव धोने के बाद सभी खाना खाने बैठे। तभी ससुर ने बहू से पूछा, "सर्प बेटा कहां है? आज यहां दिखाई नहीं दे रहा है।" सास ने पूछा, "बहू! सर्प बेटे को आवाज दी थी?"

सास और ससुर के पूछने पर बहू सन्न रह गई। "हाय! आज तो मैं जल्दी में उसे आवाज नहीं दे पाई।" हो न हो वह चूल्हे में जलकर राख हो गया। सभी ने खाना छोड़कर चूल्हे व आस-पास बहुत ढूंढा पर उन्हें सर्प कहीं दिखाई नहीं दिया।

आस-पास के लोगों को भी पता चल गया कि सर्प बेटा चूल्हे में जलकर राख हो गया। सभी को बहुत दुख हुआ। पर क्या करते? बहू से अनजाने में ऐसी भूल हो गई थी। पछतावे के सिवाय और कोई उपाय न था। पर उसकी याद में चूल्हे के ऊपर छोटा सा आला बनाकर दीपक जलाया जाने लगा। इस घटना के बाद आज भी छत्तीसगढ़ के ग्रामीण क्षेत्रों में चूल्हे के ऊपर आला बनाया जाता है। उसमें रोज शाम को दीपक जलाकर रखते हैं।

■

छोटी लड़की और बुढ़िया

बहुत समय पहले की बात है। एक गांव में बूढ़े माता-पिता और उनकी दो बेटियां रहते थे। वे मजदूरी करके अपना गुजर-बसर कर रहे थे। कुछ दिनों बाद बूढ़ा ज्यादा बीमार होने के कारण भगवान को प्यारा हो गया।

पिता की मृत्यु के बाद लड़कियों को काफी तकलीफ होने लगी। बड़ी लड़की और उसकी मां बाहर जाकर कुछ काम करने लगी। जो रोजी-मजदूरी मिल जाती, उसी से घर चलाने लगे। परंतु उसकी बड़ी बेटी बहुत घमंडी थी। जब-तब लोगों से लड़ाई-झगड़ा करने लगती। उसे गांव में कोई पसंद नहीं करता था।

छोटी लड़की घर पर ही रह कर काम करती। जब उसकी बूढ़ी मां और बहन किसी काम से बाहर जाती तब वह ही घर-बार संभालती। वह उनके लिए खाना बनाती और हर काम मन लगाकर करती थी। वह सबसे आदर और प्रेम से बात करती थी। उसे गांव भर के लोग पसंद करते थे। वह सुंदर भी थी। लेकिन उसकी बड़ी बहन व मां उसे पसंद नहीं करती थीं। वे जब-तब उसे नीचा दिखाने का प्रयास करतीं।

वह किसी बात का बुरा नहीं मानती। अपने काम में लगी रहती। जैसे किसी ने कुछ कहा ही न हो। एक दिन मां और बड़ी लड़की रोज की तरह काम करने बाहर निकले। छोटी लड़की का मन बाहर जाने को कर रहा था। वह घर के सारे काम निपटा कर पहाड़ की ओर निकल पड़ी। पहाड़ थोड़ी दूरी पर था। वह काफी दूर तक चली आई। पहाड़ की हरियाली, चिड़ियों की चहचहाहट उसके मन को खूब भा रही थी। ताजी व ठंडी हवा से उसका मन-मयूर नाच उठा।

कुछ देर बाद उसे प्यास लगी। वह आस-पास पानी की तलाश करने लगी। लेकिन पानी कहीं नजर नहीं आया। वह आगे बढ़ती गई। थोड़ी दूरी पर पानी बहने की झर-झर आवाजें सुनाई दीं। वह उस ओर आगे तक गई। पास जाकर देखा तो एक झरना कलकल-छलछल करते बह रहा था। वह लड़की झरने के पास गई। घुटने तक पानी में उतरकर चुल्लू भर-भर कर पानी पीने लगी। झरने के ताजे पानी में वह नहाना चाह रही थी।

तभी किसी बुढ़िया की आवाज उसके कानों में सुनाई दी, ''बेटी! क्या मुझे भी पानी

पीने के लिए दोगी?'' उसने पीछे मुड़कर देखा, एक बुढ़िया पास आकर खड़ी है। वह समझ गई कि उसे प्यास लगी है और उसी ने आवाज दी है। उसके पास पानी भरने के लिए कोई बर्तन नहीं था। वह अपनी हथेलियों में पानी भर-भर कर लाती गई और बुढ़िया को पिलाती गई। उसे दस से भी ज्यादा बार चुल्लू भर कर पानी पिलाना पड़ा। बुढ़िया उस लड़की की सेवा से बहुत खुश हुई।

लड़की अपने घर की ओर लौटने लगी। तब बुढ़िया ने कहा, ''बेटी, तुमने मेरी बहुत सेवा की है। मैं तुम्हें आशीर्वाद देना चाहती हूं। तुम्हें जो मांगना है मांग लो।'' सेवा करना लड़की के लिए कोई नई बात नहीं थी। उसने कहा, ''मां, यह तो मेरा धर्म है। फिर मैं तो रोज घर पर काम-काज करती हूं। इसमें आशीर्वाद मांगने की कोई बात नहीं है।''

बुढ़िया ने कहा, ''चलो, यदि तुम संकोच कर रही हो तो मैं तुम्हें अपने मन से आशीर्वाद देती हूं। तुम जब बोलने के लिए मुंह खोलोगी तो तुम्हारे मुंह से दो हीरे गिरेंगे। उन्हें उठा कर रखती जाना। उसका तुम जैसा चाहो उपयोग करना।''

छोटी लड़की बुढ़िया के आशीर्वाद से बहुत खुश हुई। वह बुढ़िया को धन्यवाद देकर अपने घर की ओर लौट गई।

यहां उसकी मां और बड़ी बहन उससे पहले ही आ गई थी। जब छोटी लड़की घर पहुंची तो उसकी मां बहुत नाराज हुई। डांटते हुए पूछा, ''कहां थी इतनी देर तक? हम लोग यहां भूखे-प्यासे बैठे हैं?'' उसने कहा, ''थोड़ी देर के लिए बाहर गई थी।'' इतना बोलते ही उसके मुंह से दो हीरे गिरे। माँ अपनी छोटी बेटी की ओर निहारती रही। दमकते हीरों को देखकर उसकी आंखे चौंधिया गई।

माँ उससे हीरों के बारे में पूछने लगी, ''तुम्हारे मुंह से हीरे कैसे निकल रहे हैं?'' छोटी लड़की ने उस बुढ़िया के बारे में बताया जो झरने के पास मिली थी। उसी के आशीर्वाद से उसके मुंह से हीरे गिरते हैं।

यह सुनकर उसकी माँ जल-भुन गई। ''इतना बड़ा आशीर्वाद?'' उसने अपनी छोटी बेटी को डांटते हुए कहा, ''तुम सारी घटना साफ-साफ बताओ नहीं तो तुम्हारी खैर नहीं।'' वह घबरा गई। उसने अपनी मां को सारी बात साफ-साफ बता दी। लड़की की माँ ने अपनी बड़ी बेटी को भी उसी झरने के पास भेज दिया जहां छोटी बेटी को आशीर्वाद देने वाली बुढ़िया मिली थी।

बड़ी लड़की तो वैसे भी लालची और घमंडी थी। वह शान से अकड़ते हुए उस झरने की ओर चल पड़ी। चलते-चलते वह थक गई। उसे भी बहुत प्यास लगने लगी। तभी उसके कानों में झरने की झरझर आवाज सुनाई दी। वह उस ओर लपक कर चलने लगी। झरने के

शीतल व स्वच्छ जल को देखकर उसका मन शांत हो गया। वह घुटने भर पानी में उतर चुल्लू भर-भर कर गटागट पानी पीने लगी।

प्यास बुझाने के बाद वह नहाने का मन बना रही थी। तभी किसी की आवाज सुनायी दी, ''बेटी, मुझे भी पानी पिला देना।'' उसने पलट कर देखा। एक बुढ़िया लाठी टेके खड़ी थी। शायद उसी की आवाज हो। उसने उसकी बात अनसुनी कर दी। घमंड के मारे वह उस आशीर्वाद देने वाली बुढ़िया की बात भूल गई।

बुढ़िया प्यास से परेशान हो गई थी। वह खुद पानी के पास गई और चुल्लू भर-भर कर पानी पीने लगी। लड़की बुढ़िया के सामने से ऐंठते हुए निकल गई। तब बुढ़िया ने कहा, ''जा री घमंडी लड़की। जब तू बोलेगी तो तेरे मुंह से दो मेंढक निकलेंगे।''

घर में उसकी मां इंतजार कर रही थी। तभी लड़की घर पहुंची। उसने पूछा, ''क्या तुमने बुढ़िया को पानी पिलाया?'' वह कुछ बोल नहीं पा रही थी। वह बोलना चाहती थी। पर बोलते ही दो मेंढक एक-एक कर नीचे गिरे। तब वह बोल पाई, ''नहीं मैंने किसी को पानी नहीं पिलाया।''

उसकी माँ परेशान हो गई। अब क्या किया जाए? यह जब भी बोलेगी, तब इसके मुंह से दो मेंढक गिरेंगे। पूरे घर में मेंढक भर जाएंगे। पिच-पिच इधर-उधर कूदेंगे। बड़ी लड़की भी हताश हो गई। वह आसानी से बोल नहीं पाती थी।

छोटी लड़की से उसकी माँ और बड़ी लड़की जलने लगी। क्योंकि उसके मुंह से हीरे गिरते थे। वह धनवान होती जा रही थी। माँ ने उससे कहा, ''जा, तू घर से निकल जा। नहीं तो मार-मार कर तेरी खाल उधेड़ देंगे।'' माँ की बात से छोटी लड़की डर गई।

वह घर से सीधे उसी पहाड़ की ओर चल पड़ी। झरने के पास गई। पानी पी कर आराम करने लगी। तब तक दोपहर हो गई थी। वह सोचने लगी, 'शाम होने के पहले वह किसी गांव में पहुंच जाए तो अच्छा रहेगा। नहीं तो जंगल में रात कैसे काट पाएगी?'

उसका मन रोने का हो रहा था। वह अकेली परेशान हो उठी थी और सुबक-सुबक कर रोने लगी। तभी वहां एक राजकुमार घोड़े पर सवार होकर आया। वह भी प्यासा था। वह झरने के पास गया और पानी पीने लगा। तभी उसके कानों में किसी की सुबकने की आवाज सुनाई दी। उसने मुड़कर देखा। एक लड़की पेड़ के नीचे बैठकर सुबक रही है। राजकुमार उसके पास गया। पूछा, ''तुम अकेली यहां क्यों बैठी हो?''

वह पहले तो घबरा गई क्योंकि उसे कुछ सूझ नहीं रहा था। फिर हिम्मत करके बोलना शुरू किया। जब-जब बोलती तब-तब उसके मुंह से हीरे गिरते। यह देखकर राजकुमार भी

चकित रह गया। वह लड़की को जादूगरनी समझने लगा। उसने फिर पूछा, "बताओ तुम इस जंगल में अकेली क्यों भटक रही हो? ये हीरे तुम्हारे मुंह से क्यों गिरते हैं?"

लड़की ने पूरी बात साफ-साफ बता दी। यह भी बताया कि जलन के कारण उसकी बुढ़िया मां ने उसे घर से निकाल दिया। राजकुमार को उस लड़की पर तरस आ गया। वह बड़ा दयालु था। उसने कहा, "तुम मेरे साथ चलो। मैं तुम्हें अपने महल में रखूंगा।" वह साथ जाने को तैयार हो गई। दोनों घोड़े पर सवार होकर महल की ओर चल पड़े।

कुछ ही दिनों में लड़की अपने घर के दुख भूलने लगी। वह राजमहल में मजे से रहने लगी। तब एक दिन राजकुमार उसके पास आया और कहा, "मैं तुमसे विवाह करूंगा। फिर तुम हमेशा के लिए यहीं रहना।"

लड़की राजकुमार के साथ विवाह करने के लिए तैयार हो गई। दोनों का विवाह धूमधाम के साथ हुआ। राजमहल के लोग दोनों की जोड़ी देखकर बहुत खुश हुए। दोनों खुशी से रहने लगे।

■

कपिला गाय

बहुत पुरानी बात है। गांव में बहुत-सी गायें थीं। चरवाहा उन्हें पहाड़ों पर दूर-दूर तक चराने ले जाता था। सभी गायें चरवाहे के इशारे के अनुसार चला करती थीं। इन्हीं में एक कपिला गाय थी। वह बड़ी सीधी गाय थी। उसका एक बछड़ा भी था। जो सदा उसी के आसपास रहता। कभी मां के थन का दूध पी लेता तो कभी हरे-हरे घास को भी मुंह लगा लेता।

उसी झुंड में कुछ हरहाया गायें थी, जो झुंड को छोड़कर अपनी पसंद की जगह पर जाकर चारा चरती थीं। चरवाहा ऐसी गायों से बड़ा परेशान रहता। पर वह अकेला कुछ नहीं कर पाता। इधर देखे की उधर देखें। दो-चार ऐसी हरहाया गायों पर वह उतना ध्यान नहीं देता था। उसे पता था आखिर में वे गायें भी झुंड में लौटकर आ ही जाएंगी।

एक दिन की बात है। एक हरहाया गाय कपिला गाय के पास आई और बोली, ''क्या बात है तुम्हारा पेट एकदम खाली दिखता है? तुम ठीक से घास नहीं खा पाती हों?'' कपिला ने कहा, ''हां, मैं तो झुंड के साथ रहकर ही चारा चरती हूं। जैसे सब चरवाहे के इशारे पर आते-जाते हैं वैसा मैं भी करती हूं। फिर मेरा छोटा बछड़ा भी है। जो हमेशा मेरे साथ रहता है।''

तब हरहाया गाय ने कहा, ''मुझे देख। मैं कितनी हट्टी-कट्टी हूं? चरवाहा कुछ भी करे, मैं जहां चाहती हूं, जाती हूं।'' कपिला बोली, ''तुम्हारे साथ तो छोटा बछड़ा भी नहीं है। तुम बेफिक्र होकर कहीं भी आ जा सकती हो। पर मेरे साथ तो छोटा बछड़ा है। मैं उसे छोड़कर दूर कैसे जा सकती हूं? वह मेरे बिना कैसे रह सकता है? उसे इस भीड़ में मैं ही संभाल कर आगे ले जाती हूं।''

''मैं कौन-सी अपनी भलाई की बात कह रही हूं। मैं तो तुम्हारी और बछड़े की भलाई के बारे में ही तो सोच रही हूं। तुम्हें पेट भर खाना मिलेगा, तभी तो तुम अपने बछड़े को भी पेट भर दूध पिला सकोगी?'' हरहाया गाय ने कपिला से कहा।

''बात तो सोलह आने सच कह रही हो पर मैं अपने बछड़े को छोड़कर कहीं दूर नहीं जाना चाहती। हमें जो मिल रहा है, हम उसी में खुश हैं।'' कपिला गाय ने कहा।

उस दिन तो कपिला हरहाया गाय के साथ दूर पहाड़ी पर नहीं गई। पर हरहाया गाय के बार-बार लालच देने से उसे भी दूर तक हरी-हरी घास चर आने का मन करने लगा। दूसरे दिन हरहाया गाय फिर कपिला के पास आई और अपने साथ दूर पहाड़ी तक चर आने के लिए कहा। कपिला तो इसी बात की प्रतीक्षा कर रही थी। वह झट से उसके साथ जाने को तैयार हो गई। कपिला ने बछड़े को चेताया, ''बेटा! तुम इसी झुंड के साथ रहना। मैं पेट भर चारा चर के आती हूं। तुम फिर पेट भर दूध पीना।'' यह कहकर कपिला हरहाया गाय के साथ पहाड़ी पर चली गई।

हरहाया गाय तो रोज पहाड़ी पर जाती थी। उसे किसी बात का भय नहीं था। पहाड़ियों का रास्ता भी उसने अच्छी तरह पहचान लिया था। कपिला भी उसके साथ रोज पहाड़ियों पर चारा चरने लगी। चरवाहा बेचारा इस बात से बेखबर रहता। उसका ध्यान तो झुंड की गाय को देखने में लगा रहता।

एक दिन की बात है। हरहाया गाय और कपिला दोनों झुंड को छोड़कर पहाड़ियों पर दूर तक चली गईं। दोनों हरी-हरी घास चरने में मगन हो गई। तभी अचानक वहां शेर आ धमका। किसी पशु के आने की गंध उसकी नाक तक पहुंच गई थी। शेर वैसे भी शिकार की तलाश में था। हट्टी-कट्टी गायों को देखा तो उसके मुंह में पानी आ गया। उसने गायों पर पीछे की ओर से हमला किया। शेर की दहाड़ से कपिला थरथरा गई। वह डर के मारे कांप उठी और बैठ गई। हरहाया गाय वहां से तुरंत भाग उठी। शेर ने कपिला को दबोच लिया। शेर पंजा मारने ही वाला था कि कपिला ने हिम्मत जुटाकर शेर से कहा, ''भैया शेर! अब तो मैं तुम्हारी पकड़ में आ ही गई हूं। तुम मुझे अवश्य खा लेना। पर मेरा एक छोटा बछड़ा है। वह मेरे बिना तड़प कर प्राण दे देगा। मैं एक बार उसे दूध पिलाकर आती हूं। फिर मुझे खा लेना।''

कपिला की बातों से शेर का मन भर आया। उसने सोचा, 'यह तो मुझे भैया कह रही है। फिर इसका एक बछड़ा है जो इसे देखे बिना तड़प कर मर जाएगा।' फिर उसने कहा, ''ठीक है तुम जाओ। पर मैं कैसे भरोसा करूं कि तुम लौटकर आओगी?'' कपिला ने भरोसा दिलाते हुए कहा, ''मैं अपने बछड़े की शपथ लेकर कहती हूं कि उसे दूध पिलाकर हर हालत में वापस आऊंगी।''

शेर ने भरोसा करके कपिला को छोड़ दिया। परंतु जल्दी आने के लिए कहा। वह हांफते-कांपते झुंड के पास आई। उसका बछड़ा आंखें फाड़े रास्ते की ओर निहार रहा था। मां को देखकर रंभाते हुए दौड़ पड़ा। इधर कपिला भी बछड़े के नजदीक आकर उसे चाटने लगी। बछड़ा भूखा था। गटागट दूध पीने लगा। उसने कपिला से पूछा, ''क्या बात है मां! आज तुम उदास क्यों दिख रही हो?'' उसने कहा, ''कोई खास बात नहीं है बेटा। तुम दूध पियो और खेलो-कूदो।''

बछड़े ने कपिला के थनों से मुंह हटाकर पूछा, ''मां! तुम जब तक पूरी बात साफ-साफ नहीं बताओगी, मैं एक बूंद दूध नहीं पिऊंगा।'' बाल हठ के सामने कपिला क्या करती? वह शेर वाली घटना को बताते हुए बोली, ''बेटा! आज मुझे शेर ने दबोच लिया। वह मुझे खाना चाहता है। पर तुम्हें दूध पिलाने की बात कहकर आई हूं। तुम जल्दी दूध पी लो। मुझे शेर के पास जाना है। नहीं तो मेरा वचन टूट जाएगा। मैंने शेर को भरोसा दिलाया है।''

बछड़े ने जिद करते हुए कहा, ''मां! तब तो मैं भी तुम्हारे साथ शेर के पास जाऊंगा। उससे कहूंगा कि वह तुम्हारे बदले मुझे खा ले।'' कपिला ने कहा, ''नहीं बेटा। तुम यहीं रहो। मुझे जाने दो। वचन मैंने दिया है। जान मुझे ही देनी पड़ेगी। तुम बहुत छोटे हो। ऐसी नादानी न करो।'' उसने कहा, ''मां! मैं भले ही छोटा हूं। पर शेर के पास जाकर यह तो कह ही सकता हूं कि मुझे खाकर पेट भर ले और मेरी मां को छोड़ दे।''

कपिला ने बछड़े की जिद के सामने घुटने टेक दिए। उसने कहा, ''चलो, जल्दी चलो। नहीं तो शेर काफी नाराज हो जाएगा।'' दोनों दौड़ते हुए जंगल की ओर जाने लगे। बछड़ा दौड़कर आगे हो गया। कपिला बार-बार उसे पीछे करती पर बछड़ा थोड़ी दूर बाद आगे हो जाता। कुछ देर में दोनों शेर के पास पहुंच गए। कपिला के साथ उसके बछड़े को आता देख शेर मन में सोचने लगा, 'इसका बछड़ा कितना बहादुर है?'

दोनों शेर के पास गए। तब बछड़े ने झट से शेर को लपक कर कहा, ''जय राम मामा!'' वह अचकचा गया। अरे! यह तो मुझे मामा कह रहा है। कपिला ने भी मुझे भैया कहा था। तब भला मैं इन्हें कैसे मार सकता हूं। वह मन ही मन चिंतित हो गया, 'क्या किया जाए?'

तभी कपिला बोल उठी, ''लो भैया शेर! मैं अपने वचन के अनुसार आपके पास वापस आ गई हूं। तुम मुझे मार सकते हो।'' शेर के कुछ कहने से पहले बछड़ा बोल उठा, ''शेर मामा, रुको! यदि खाना ही है तो पहले मुझे खा लो। मेरे रहते मां को कैसे खाओगे? मेरे मांस से यदि तुम्हारा पेट न भरे तो मां को भी खा लेना।''

कपिला और बछड़े की बातों से शेर भाव-विभोर हो गया। उसका मन पसीज गया। एक तरफ कपिला ने अपना वचन पूरा कर दिखाया, वहीं बछड़ा स्वयं जान देने को तैयार था और बार-बार शेर से कह रहा था, ''मुझे पहले खा लो, मुझे पहले खा लो।'' पर शेर दोनों के समर्पण से बहुत खुश हो गया। उसने कहा, ''जाओ तुम दोनों को छोड़ता हूं। कपिला ने मुझे भैया कहा है। इस तरह वह मेरी बहन हुई। बछड़े ने मुझे मामा कहा, इस तरह वह मेरा भांजा हुआ। बहन और भांजे को कैसे मार सकता हूं?''

शेर ने दोनों को छोड़ दिया। दोनों वापस झुंड के पास आए और सुखपूर्वक रहने लगे।

■

एक वरदान

बहुत दिन हुए एक गांव में किसान रहता था। वह बहुत मेहनती था। दिन भर खेतों में काम करता। उसकी पत्नी भी किसान की पूरी मदद करती। घर में बूढ़ा पिता भी बेटे की भरपूर सहायता करता। उसे खेती-बाड़ी का बड़ा अच्छा अनुभव था। बस एक ही कमी थी कि किसान की कोई संतान न थी। यह बात किसान को अंदर ही अंदर से परेशान कर देती थी।

इस बार उसके खेतों में गेहूं की फसल लहलहा रही थी। किसान ने खूब मेहनत की थी। बीज डालने के पूर्व तीन बार जोत कर मिट्टी को पोली किया था। गेहूं के दानों भरी बालियों को देखकर किसी का भी मन-मयूर बिना बादल नाच उठता है। किसान की पत्नी भी चतुर व मेहनती थी। वह भी समय निकालकर खेत चली जाती। रखवाली के काम में भी बराबर हाथ बंटाती। दोनों मचान पर बैठकर खेतों की रखवाली करते।

घर में छोटे बच्चे न होने से किसान की पत्नी खेती के कामों में पूरी मदद करती। वह भी संतान न होने के कारण काफी दुखी रहती। किसान ने इसे ईश्वर की मर्जी व भाग्य का फैसला मान लिया। लेकिन हताश होने से कुछ होने वाला न था। दूसरे किसान भी इनके काम को देखकर खुश हो जाते। इनसे सलाह-मशविरा भी करते।

रोज की तरह किसान व उसकी पत्नी अपने खेत की रखवाली करने गए। सूर्य की धूप सिर की सीध पर पड़ने लगी थी। दोनों मचान पर बैठे सुखद भविष्य की चर्चा में मगन थे। फसल पकने के बाद घर-गृहस्थी के सामान और गहने आदि खरीदने की योजनाएं बनाने लगे। तभी किसान के कानों में बांसुरी की मधुर आवाज सुनाई दी। उसने चारों ओर नजर घुमाकर देखा पर बांसुरी बजाने वाला उसे नहीं दिखा। उसने पत्नी से पूछा, ''तुम्हें कहीं कोई दिखाई दे रहा है?'' वह भी कुछ नहीं बता पाई। बांसुरी बिना रुके बज रही थी।

तब किसान मचान से उतरकर उस ओर गया जिधर से बांसुरी की आवाज आ रही थी। थोड़ी दूर पर ही बरगद का एक बड़ा-सा पेड़ था। आवाज वहीं से आ रही थी। किसान सीधा उस ओर गया। रुक कर पत्नी को भी आवाज दी, ''तुम भी यहां आ जाओ। लगता है बरगद पर बैठकर कोई बांसुरी बजा रहा है?'' पति की आवाज सुनकर वह मचान से नीचे उतरी

और सीधे किसान की ओर लपकी। किसान मन ही मन घबरा भी रहा था, 'पता नहीं कौन बांसुरी बजा रहा है? इसके पहले तो कभी ऐसी कोई आवाज यहां नहीं आती थी।'

किसान हिम्मत करके बरगद के करीब चला गया। उसकी पत्नी उसके साथ थी। बांसुरी बिना रुके बज रही थी। धुन बहुत मधुर और मन को मोह लेने वाली थी। पेड़ के नीचे तो कुछ नहीं था। किसान ने आवाज की ओर गरदन उठाई। ऊपर पेड़ की एक शाखा पर एक बौना आदमी मगन होकर बांसुरी बजा रहा था। उसे किसी बात की चिंता नहीं थी। किसान कुछ देर तक एकटक देखता रहा और बांसुरी की प्यारी धुन सुनता रहा।

किसान की पत्नी बोल उठी, "वह बौना बांसुरी से कितनी मधुर धुन छेड़ रहा है? उसे कहो न वह थोड़ा नाच कर भी दिखाए।" किसान भी उस बौने से बात करना चाह रहा था। पर कैसे करें? वह तो बांसुरी बजाने में मस्त था। किसान ने बौने को आवाज दी, पर उसे किसी की फिक्र नहीं थी। वह बेधड़क बांसुरी बजाए जा रहा था। किसान ने अपनी पत्नी से कहा, "चलो दोनो एक साथ पुकारते हैं।" दोनों ने एक साथ आवाज दी, "ओह! प्यारे बांसुरी वाले। हमारी बात सुनो।" ऐसा वे एक-एक कर तीन बार बोले।

तीसरी बार में बौने ने बांसुरी बजाना बंद करके किसान और उसकी पत्नी की ओर देखा और पूछा, "क्या तुम्हीं लोगों ने मुझे आवाज दी है?" किसान को तो इसी बात की प्रतीक्षा थी। उसने कहा, "हां, प्यारे बांसुरी वाले। हम लोगों ने ही तुम्हें आवाज दी है।"

बौना बोला, "बताओ, क्या जानना चाहते हो?"

"हम लोग तो रोज इधर आते हैं। यहीं हमारे खेत हैं। पर पहले तुम्हें नहीं देखा। कहां से आए हो?" किसान ने पूछा।

"मैं तो स्वर्ग का बांसुरी वादक हूं। देवताओं की सभा में बांसुरी बजाता हूं।" बौने ने कहा।

"मुझे भी यही लगा था कि तुम स्वर्ग लोक से ही आए होगे? बांसुरी बजाते भी बहुत मधुर हो। मुझे तो नाचने का मन कर रहा था।" किसान ने कहा।

"अरे! किसान...। तुम क्या जानों नाचना-गाना? जब स्वर्ग की सभा में मेरी बांसुरी बजती है, तब अप्सराओं को कौन पूछें? देव कन्याएं परियों की तरह नाच उठती हैं" बौने ने कहा।

"मुझे आपकी बातों पर पूरा विश्वास है। पर मैं अपनी आंखें से देखना चाहता हूं।" किसान के ऐसा कहने पर उसकी पत्नी ने हमारी भरी। उसने कहा, "हां! बौने भगवान। यदि तुम यहीं पर थोड़ा नाचकर दिखाओं तो हमें बहुत अच्छा लगेगा।"

''ठीक है। अच्छा चलो मैं नाच कर दिखाता हूं।'' इतना कहकर उसने फिर से बांसुरी पर धुन छेड़ी। वह पेड़ की टहनी पर ही नाचने लगा। किसान और उसकी पत्नी उसे एकटक देखते रहे। बौना बांसुरी बजा-बजाकर कमर मटका-मटका कर नाचने लगा। उसे इतना ध्यान नहीं रहा कि जहां वह नाच रहा हैं, वह मैदान या रंगमंच नहीं है। अपितु पेड़ की टहनी है। उसका एक पैर टहनी से फिसल गया। वह नीचे गिरने लगा और ''बचाओ... बचाओ'' कहकर चिल्लाने लगा।

किसान दौड़ कर पेड़ के करीब गया। बौने को गेंद की तरह दोनों हाथों में पकड़ लिया और जमीन पर खड़ा कर दिया। बौने का सांस फूल गया था। ''बच गया भगवान! नहीं तो जमीन पर गिरकर मेरी जान निकल जाती।'' बौना कुछ देर के लिए शांत हो गया। फिर हांफते हुए बोला, ''भला हो तुम्हारा किसान। आज तुमने मेरी जान बचा ली, नहीं तो मैं राम को प्यारा हो जाता।''

''यह तो मेरा धर्म है भगवान! जो किसी के काम आए वहीं तो इंसान है।'' किसान ने कहा, ''मैं तुमसे बहुत खुश हूं। बोलो तुम्हें क्या चाहिए? मनचाही चीज मांग लो'' बौने ने खुश होकर कहा। किसान एकाएक सोच नहीं पाया कि क्या मांगे? अपनी पत्नी से पूछा कि क्या मांगे? वह भी ठीक-ठीक नहीं बता पाई। दोनों आपस में बातें करने लगे कि क्या मांगे? पत्नी कहती कि एक संतान मांग लो। किसान सोचता कि धन-दौलत मांग लूं। कभी सोचता, 'बूढ़े बाप की बीमारी दूर होने का वरदान मांग लूं।'

तब उसकी पत्नी बोल उठी, ''भगवान हमें कुछ मांगने की इच्छा तो नहीं हो रही है। पर तुम मांगने को कहते हो तो मांग लेते हैं।'' बौने ने कहा, ''देखो! आप लोगों ने मेरी जान बचाई है। यह भी मेरे लिए वरदान की तरह है। यही मानव का धर्म है। जो तुम लोगों ने अच्छी तरह निभाया। अब मेरा धर्म है कि मैं भी तुम लोगों की थोड़ी-बहुत सहायता करूं।''

किसान बड़ा भोला-भाला था। उसे कुछ सूझ नहीं रहा था। उसको अपने बूढ़े पिता के स्वास्थ्य, संतान व धन-दौलत तीनों की चाह थी। पर मांगने में संकोच कर रहा था। फिर हिम्मत करके बोला, ''बौने भगवान! यदि कुछ देना ही चाहते हो तो मुझे तीन बातों की चाह है। पहली, मेरे बूढ़े पिता की बीमारी ठीक हो जाए। दूसरी, मेरी संतान हो। तीसरी, मेरे घर में धन-दौलत हो।''

बौने ने कहा, ''पर मैंने तो एक वरदान मांगने को कहा था। इन तीनों में से कोई एक मांग लो।''

किसान एक बार फिर अटक गया। क्या मांगे? उसे तीनों इच्छाएं जरूरी लग रही थी। वह पत्नी के साथ सलाह करने लगा। पर वह भी जल्दी में कुछ बता नहीं पा रही थी।

बौने को स्वर्ग लौटने में देर हो रही थी। उसने किसान से कहा, ''अच्छा! अब मुझे देर हो रही है। तुम लोग मुझ पर पूरा भरोसा करो। कल अच्छी तरह सोचकर इसी समय और इसी जगह पर आना। मैं अपने वचन के अनुसार एक वरदान अवश्य दूंगा।'' यह कहकर वह अंतर्ध्यान हो गया।

किसान और उसकी पत्नी को यह सब एक दम सपना लग रहा था। लेकिन वे चिंतित थे कि क्या वरदान मांगे? घर लौटते समय उनके मन में यही बात बार-बार उमड़-घुमड़ रही थी। घर पहुंचकर दोनों अपने-अपने काम में लग गए। रात में खाना खाकर दोनों एक जगह बैठकर सोचने लगे, 'क्या वरदान मांगे?'

किसान की पत्नी ने कहा, ''चलो न ससुर जी के पास जाकर पूछते हैं, शायद वही हमें कुछ अच्छी सलाह दें?'' किसान को भी यह ठीक लगा। वह जानता था कि उसका पिता बड़ा चतुर है। आठ-दस कोस दूर तक उसकी बुद्धि का लोग लोहा मानते थे। पर अब बीमारी के कारण वह आ जा नहीं पा रहे थे।

दोनों बूढ़े के पास गए। खेत और बौने भगवान वाली सारी घटना किसान ने पिता को बता दी। एक वरदान मांगने की समस्या को भी उनके सामने रखा। बूढ़ा चतुर था। वह अपने बेटे की बात समझ गया। पर तीन में से एक वरदान मांगना थोड़ा मुश्किल काम था। पर बात चतुराई से बन सकती थी। वह सोचने लगा। तब तक दोनों चुप बैठे रहे।

कुछ देर बाद बूढ़ा बोला, ''बेटा। तुम उस बौने भगवान से जाकर कहना, ऐसा वरदान दो कि मेरे बूढ़े पिता अपने पोते को चांदी की थाली में खाना खाते देख सके।'' पिता की चतुराई पर किसान को बड़ा गर्व हुआ। उसे समझते देर नहीं लगी कि इसमें हमारी तीनों इच्छाएं शामिल हैं। उसकी पत्नी को भी यह वरदान पसंद आया।

सुबह किसान खेत की ओर जाने की तैयारी करने लगा। उसकी पत्नी भी झटपट तैयार हुई। वरदान पाने की इच्छा पूरी होने वाली थी। दोनों लंबे-लंबे डग भरते हुए खेत की ओर गए। जाकर मचान पर बैठ गए। जैसे-तैसे दोपहर हुई। दोनों बौने की प्रतीक्षा कर रहे थे। उन्हें भरोसा था, बौना अवश्य आएगा।

तभी बांसुरी की मधुर धुन सुनाई दी। किसान का मन खुश हो गया। वह तुरंत पत्नी को साथ लेकर उसी पेड़ के पास गया। किसान को देखकर बौना पेड़ से उतरकर नीचे आया। बौने ने पास जाकर किसान से पूछा ''क्यों भाई किसान! वरदान के बारे में सोच लिया?'' उसने कहा, ''हां! हम लोगों ने खूब सोच-विचार कर एक वरदान चुन लिया है।''

बौना बोला, ''चलो बताओ। देर क्यों कर रहे हो? मुझे आज स्वर्ग में बहुत काम है।

जल्दी वापस जाना है।'' किसान भी जल्दी से वरदान मांग लेना चाहता था। वह बोला, ''बौने भगवान! हमें ऐसा वरदान दो कि मेरे पिता अपने पोते को चांदी की थाली में खाना खाते देख सके।'' किसान की बात सुनकर बौने का माथा ठनका। जरूर उसने किसी चतुर आदमी से सलाह ली होगी? पर वह अपने वचन से बंधा था। कुछ देर सोचने के बाद कहा, ''ठीक है। तुम्हें यह वरदान दिया।''

कुछ दिन किसान चिंतित रहा। पर बूढ़े पिता की बीमारी ठीक होने लगी। तब उसे पूरा विश्वास हो गया कि बौने का वचन पक्का है। उनका वरदान फलित हो रहा है। नौ माह बाद उसके घर सुंदर बच्चे ने जन्म लिया। घर में सब प्रकार की खुशियां छाने लगीं। आसपास के लोग भी किसान की खुशी में शामिल होने लगे। किसान प्रसन्न हो गया। वह दुगुने उत्साह के साथ काम करने लगा। उसके घर धन-संपत्ति आ गई थी। उसका बूढ़ा पिता भी खुश रहने लगा।

बूढ़े पिता की चतुराई से किसान का घर खुशियों से भर गया।

■

लालच का फल

एक किसान ने अपनी बाड़ी में भुट्टा बोया। बाड़ी गांव के बाहर खेतों के पास थी। पौधे बड़े-बड़े हो गए। उनमें भुट्टे निकलने लगे। किसान को रखवाली की चिंता सताने लगी। कई लोगों से पूछा, ''भाई! मेरी बाड़ी की रखवाली करोगे? मैं उचित मजदूरी दूंगा।'' पर कोई तैयार नहीं हुआ।

आखिर में किसान खुद अपनी बाड़ी की रखवाली करने लगा। दिनभर वहां रहता और शाम को घर लौट आता। शाम के बाद फसल का नुकसान होने का डर न था। इस तरह किसान दिनभर बाड़ी में रहता। रात को घर में आराम से सोता।

इधर रोज रात को एक सियार बाड़ी में घुस आता। पेट भर भुट्टे खाता और जंगल की ओर हुआं-हुआं करते भाग जाता। कुछ दिन तो किसान को कुछ पता न चला। किसान चारों ओर घूमफिर कर फसलों को देखता था। उसने देखा कि एक किनारे से कोई भुट्टे को तोड़ कर खा लेता है।

उसने सोचा, 'मुझे अब रात में भी बाड़ी की रखवाली करनी होगी। तभी चोर पकड़ में आएगा।' उसने रात में खाना खाया और बाड़ी में आकर झोपड़ी में चुपचाप बैठ गया। चारों ओर शांति थी। तभी कुछ पत्तों से खड़-खड़ की आवाज आई। वह आवाज की ओर गया। उसके हाथों में डंडा था।

तभी उसकी नजर सियार पर पड़ी। वह मजे से भुट्टे खा रहा था। किसान ने डंडा उठाया ही था कि सियार ने पीछे मुड़कर देख लिया। वह फुर्ती से भाग गया। किसान देखता रह गया पर वह जान गया कि यही मेरी फसल को नुकसान पहुंचा रहा है।

किसान रात भर बाड़ी में सोने लगा। वह सियार को पकड़ने का उपाय भी सोचने लगा। सुबह होते ही वह गांव की ओर गया। नहा-धोकर खाना खाया। कुछ बड़े-बूढ़ों के पास बैठा। उनको अपनी समस्या बताई। एक बूढ़े ने कहा, ''तुम मधुमक्खी के छत्तों को जमा कर लो। उनसे एक पुतला बना लो। पुतला बड़ा हो। उसे एक खंभे के सहारे बाड़ी में लगा दो।''

किसान ने पूछा, ''इससे क्या होगा?'' ''अरे बुद्धू तुम जानते नहीं हो। इसमें चिपकाने का गुण होता है। जब सियार की नजर इस पुतले पर पड़ेगी, तब वह उसे छुएगा और उससे

चिपक जाएगा। फिर तुम सियार को दो-चार डंडे जमा देना। दूसरे दिन से आना छोड़ देगा।'' एक बूढ़े कहा।

उसे यह उपाय अच्छा लगा। उसने दिनभर घूमकर मधुमक्खी का छत्ता जमा किया। उसको तोड़-मरोड़ कर लसदार बनाया। फिर उसका पुतला बनाया और उसे बाड़ी के बीच में खंभे के सहारे लगा दिया। शाम होने लगी तो वह घर वापस आ गया। रात को खाना खाया, फिर बाड़ी की ओर चला गया।

दिनभर के थके किसान को लेटते ही नींद आ गई। कुछ ही देर में वही सियार फिर दुम दबाए बाड़ी में आया। दो-चार भुट्टे खाए। इधर-उधर गरदन उठाकर देखने लगा। उसकी नजर उस पुतले पर पड़ी। सियार उसके पास गया और कुछ देर निहारता रहा। न हिलता न डुलता। उसे अचानक मजाक सूझी। उसने पुतले की गाल पर एक तमाचा मारा। उसका एक हाथ पुतले पर चिपक गया। दूसरा हाथ मारा तो वह भी चिपक गया। सियार खूब छटपटाया पर हाथ नहीं छूटे। एक पैर मारा तो वह भी चिपक गया। दूसरा पैर मारा तो वह भी चिपक गया। खूब हिला-डूला, छटपटाया, पर ऐसा चिपका कि छूटने का नाम न ले। चुपचाप सियार लार टपकाता रहा।

कुछ देर बाद किसान पुतले के पास आया। देखा तो उससे एक सियार चिपका हुआ है। उठाई लाठी। फिर दे दनादन धाय-धाय। सियार कुं-कां...। हूं...हुआं करता रहा। किसान जाकर सो गया। सियार वहीं चिपका रहा। रात भर ठंड में ठिठुरता रहा।

किसान ने सुबह देखा तो सियार अब भी चिपका पड़ा था। उसका शरीर मार पड़ने से फूल गया था। उसने दो लाठी और जमा दी। सियार कराहता रहा। भूख के मारे उसकी जान निकल रही थी। पर क्या करता? वहीं चिपका रहा।

किसान मन ही मन बहुत खुश हो रहा था। उसकी फसल बर्बाद होने से बच गई। नुकसान पहुंचाने वाला पकड़ा गया। उसने बूढ़े को बहुत धन्यवाद दिया कि उसने चोरी पकड़ने का अच्छा उपाय बताया।

दूसरे दिन की बात है। बाड़ी में एक दूसरा सियार आया। उसने पुतले के पास सियार को चिपके हुए देखा। उसके पास गया। पहले सियार से उसने पूछा, ''भाई! तुम तो बहुत दुबले-पतले थे। इतने मोटे कैसे हो गए?''

''सब कुछ बता दूंगा भाई! पहले तुम मेरे हाथ-पांव यहां से छुड़ाओ'' पहले सियार ने कहा। दूसरे सियार को दया आ गई। उसने खूब जोर लगाकर पहले सियार के हाथ-पांव छुड़ाए। वह भूख के मारे तड़फ रहा था। अब उसकी जान में जान आई।

तब दूसरे सियार ने तपाक से पूछा, ''बताओ न भाई! देरी क्यों कर रहे हो? तुम इतने तगड़े कैसे हो गए हो?'' पहला सियार बताने लगा, ''देखो भाई। बाड़ी का मालिक आने वाला होगा। वह रोज दो बार भर पेट खाने को देता है। तुम भी यहां कुछ दिन रहो। मेरी तरह मोटे ताजे हो जाओगे।''

दूसरे सियार ने कहा, ''ठीक है। मैं यहीं रहूंगा। फालतू इधर-उधर घूमने से बच जाऊंगा।'' पहले सियार ने कहा, ''पहले तुम इस पुतले को तमाचा मारो। बाकी काम अपने आप हो जाएगा।''

सियार लालची था। ज्यादा कुछ न सोचा। एक तमाचा पुतले को लगाया। एक हाथ चिपक गया। वह देखो-देखो कहता रहा। तब तक पहले वाला सियार दुम दबाकर भाग गया। दूसरे सियार ने दूसरे हाथ से पुतले को मारा, वह भी चिपक गया। पैरों से मारा, वे भी चिपक गए। वह समझ गया, ''मेरे साथ कुछ गड़बड़ हो गया।''

कुछ ही देर में किसान बाड़ी में आ गया। सबसे पहले सियार के पास गया। जमकर चार डंडे लगाए। सियार कुं-कां करता रहा। कुछ कह न सका। किसान अपने काम में लग गया। सियार को अपने किए पर बड़ा पछतावा हो रहा था। पर क्या करे वह लालच में जो पड़ गया था।

शाम को घर लौटते समय किसान फिर पुतले के पास आया। सियार ने सोचा कि इस बार खाना देगा। तभी किसान ने सटासट चार डंडे फिर जमाए। मार के मारे सियार अधमरा हो गया। कराहते हुए बोला, ''किसान भैया! मैं पहले वाला सियार नहीं हूं। वह तो निकल भागा। मैं लालच में फंस गया।''

किसान को सियार पर एकाएक भरोसा नहीं हुआ। उसे तो अपनी फसल की चिंता थी। शाम होने पर फिर घर चला गया। इधर सियार भूख से टूट गया। हाथ-पैर तो पुतले से चिपके थे। वह उस पर मुर्दे की तरह लटका हुआ था।

दूसरी सुबह किसान बाड़ी में आया। देखा सियार पूरी तरह से लटक गया। उसे सियार पर दया आ गई। उसने खंभे को उखाड़ा और सियार के हाथ-पांव को छुड़ाया। सियारों को सबक मिल चुका था। दोबारा उस बाड़ी की ओर किसी ने सिर नहीं उठाया। इसीलिए कहा गया है कि लालच का फल बुरा होता है।

■

इतना बड़ा

बहुत दिनों की बात है। एक गांव के किसान अदल-बदल कर फसल बोते थे। इस बार किसानों ने सलाह करके अपने खेतों में गन्ना बोना तय किया ताकि आमदनी बढ़ाई जा सके।

सभी किसानों ने बड़ी मेहनत से गन्ना बोया। दिनभर खेतों में रहकर फसल की रखवाली करते। क्योंकि सुअरों और आवारा पशुओं द्वारा नुकसान पहुंचाने का डर रहता था।

रामू भी उसी गांव का किसान था। उसने भी पत्नी के साथ मिलकर खूब मेहनत की। अपने खेतों में उसने भी गन्ना लगाया। वह दिन-भर खेतों में डटा रहता। क्योंकि उसके पास खेतों के अलावा आमदनी का अन्य साधन नहीं था।

उसकी पत्नी रोज खेत पर रामू के लिए खाना पहुंचा आती। इस बहाने वह रोज अपनी फसलें देख आती। अब गन्ने चार-पांच हाथ की ऊंचाई तक बढ़ गए। कुछ दिनों बाद काटने की बारी आने वाली थी।

एक दिन की बात है। रामू रोज की तरह अपने खेतों की रखवाली कर रहा था। दोपहर का समय था। एक सफेद हाथी आकाश से उड़ते हुए नीचे उतरा। वह राजा इंद्र का हाथी था। वह सीधे रामू के खेत में आया। पेट भर गन्ना खाया और आकाश की ओर उड़ गया।

इस घटना की चर्चा रामू ने अपनी पत्नी से की। पर उसे भरोसा नहीं हुआ। दूसरे दिन रामू और उसकी पत्नी खेत पर आए। दोनों मचान पर बैठ गए और खेतों की रखवाली करने लगे। लगभग दोपहर के समय घंटियों की रुनझुन मधुर आवाज दोनों ने सुनी। कुछ ही देर में वही हाथी फिर दिखा। वह सीधे रामू के खेत में आया। जी भर कर गन्ना खाया। रामू और उसकी पत्नी आंखें फाड़कर देखते रहें। क्या करें? क्या न करें? उन्हें कुछ नहीं सूझा। हाथी ने छककर गन्ना खाया और आकाश की ओर उड़ चला।

दोनों घर जाकर उस हाथी के बारे में सोचने लगे कि क्या किया जाए? नहीं तो हमारी आंखों के सामने ही हमारा नुकसान हो जाएगा। हम भूखे मर जाएंगे, हमारी फसल चौपट होती जा रही है।

तब उसकी पत्नी ने सुझाया, ''इसमें ज्यादा क्या सोचना? कल बड़े-बड़े डंडे लेकर

चलो। उसमें कीलें ठोंक लो। उसे चुभा कर हाथी को परेशान करो। दूसरे दिन आना छोड़ देगा।''

मरता क्या न करता? किसान को पत्नी का विचार ठीक लगा। बड़े-बड़े डंडे लिए। उसमें कीलें ठोंकी। साहस करके खेतों की ओर आ गया। दोनों साथ में थे। कुछ ही देर में वह हाथी फिर उतरा और खेतों में जाकर गन्ना खाने लगा।

एकदम से रामू की हिम्मत नहीं हुई। वह मन ही मन डर रह था कि कहीं हाथी पलट कर हमला न कर दें? पर नुकसान कब तक सहें? साहस जुटाकर हाथी के पास गया और पीछे की ओर खड़ा हो गया। मारने के लिए डंडा उठाया ही था कि हाथी ने पलट कर देखा।

हाथी चतुर था। वह समझ गया कि अब किसान का धीरज टूट गया था। उसने कहा, ''देखो रामू! मुझे डंडा मारने की जरूरत नहीं है। मैं भगवान इंद्र का हाथी हूं। तुम्हारा जो नुकसान हुआ है वह तुम्हें मिल जाएगा।''

''पर कैसे महाराज!'' उसने पूछा। हाथी ने कहा, ''चलो मेरे साथ राजा इंद्र के पास। वहां अपने नुकसान के बारे में कह देना।'' रामू ने कहा, ''मैं कैसे जा पाऊंगा?'' उसने कहा ''जब मैं उड़ने लगूं तब तुम मेरी पूंछ को पकड़ लेना। रास्ते में छोड़ना मत।''

रामू हाथी की पूंछ पकड़कर राजा इंद्र के पास चला गया। अपनी फसल के नुकसान के बारे में बताया। राजा इंद्र ने उसे सोने-चांदी के सिक्के दिलवाए। खाने के लिए बड़े-बड़े लड्डू दिए। फिर उसी हाथी की पूंछ पकड़कर वह वापस धरती पर आ गया।

अब रामू धनी हो गया। गांव के लोग उसे पूछने आए, ''भाई! तुम इतनी जल्दी धनवान कैसे बन गए? उसने सारी बात साफ-साफ बता दी। गांव के कुछ किसानों ने भी राजा इंद्र के पास जाने की इच्छा जाहिर की।''

रामू ने सभी को अपने खेत के पास बुलाया। कुछ देर में हाथी आया। पेट भर गन्ना खाया। वापस जाने लगा, तभी रामू ने गांव वालों की इच्छा बताई। उसने कहा, ''ठीक है! चलो एक-दूसरे के पैरों को जोर से पकड़ लो।''

सबसे पहले रामू ने हाथी की पूंछ पकड़ी। उसके बाद चारों किसानों ने एक-दूसरे के पैरों को पकड़ लिया। हाथी आकाश की ओर उड़ने लगा। वे कुछ ही ऊपर जा पाए थे कि किसानों ने बातचीत शुरू कर दी। पूछने लगे, ''वहां क्या-क्या मिलेगा?'' रामू ने बार-बार कहा, ''अभी चुप रहो भाइयो! नहीं तो हम सब नीचे गिर पड़ेंगे।''

किसानों में धीरज नहीं था। वे बार-बार पूछने लगे, ''रामू भैया! बताओ न वहां खाने में क्या-क्या मिलेगा?'' रामू ने झल्लाते हुए कहा, ''हद कर देते हो भाई! किसी कठिनाई को नहीं समझते हो।''

तब नीचे वाले किसान ने पूछा, ''रामू भैया! लड्डू कितना बड़ा मिलेगा?'' रामू पहले से ही परेशान था। उसने कहा, ''बहुत बड़ा-बड़ा लड्डू मिलता है।'' ''पर कितना बड़ा भैया?'' एक किसान ने पूछा। रामू झल्ला गया। उसने दोनों हाथ फैलाकर कहा, ''इतना बड़ा।'' हाथी की पूंछ रामू के हाथों से छूट गई। चारों किसान धरती पर धड़ाम से गिर गए। किसी के हाथ, किसी के पांव टूट गए। किसी का सिर फट गया। गिरते-पड़ते, लहूलुहान सब अपने घर पहुंचे।

गांव वाले उनकी हालत देख बहुत दुखी हुए। आपस में काना-फूसी करने लगे, ''जो लालच करता है। उसका फल इसी तरह मिलता है।''

■

सात चूल्हे

बहुत पुरानी बात है। एक किसान के सात बेटे थे। सभी खेती-बाड़ी का काम बड़े मजे से करते थे। किसान की पत्नी घर का काम करती। परिवार में सब तरह से सुख-शांति थी।

एक दिन किसान की पत्नी ने अपने पति से कहा, "हमारा बड़ा लड़का जवान हो गया है। पास के गांव में जाकर उसके लायक लड़की पसंद कर लो। उसकी शादी कर देते हैं। बहू के आने से घर में खुशियां आएगी।"

किसान ने कहा, "हां, यही बात तो मैं भी सोच रहा था। घर में बहू आएगी तो घर में रौनक आ जाएगी।" उसकी पत्नी ने कहा, "पर बेटे से पूछ लेना कि उसके लिए लड़की देखने जा रहे हो।"

किसान ने घर से निकलने से पहले बड़े बेटे को पास बुलाया और सारी बात साफ-साफ कह दी। लड़का चुपचाप रहा। वह लड़के की मौन सहमति को समझ गया। किसान लड़के को काम सौंपकर घर से निकल गया।

वह रास्ते भर अपने बेटे के लिए सुशील बहू पसंद करने की कल्पना करता रहा। मन में तरह-तरह की बातें सोचता। वह एक गांव के पास पहुंच गया। उस गांव के बाहर कुआं था और उसके आसपास कुछ लोग खड़े थे। किसान वहां से गुजर रहा था। तभी किसी ने आवाज दी, "जय राम भैया! चुपके-चुपके कहां जा रहे हो?"

किसान ने पलट कर देखा और कहा, "जय राम भैया!" वह आदमी किसान से उसका हालचाल पूछने लगा। आखिर में आने का कारण पूछा। तब किसान ने सारी बात बता दी।

दोनों एक किसान के घर गए। उसे सारी बात साफ-साफ बता दी। तब उस किसान ने अपनी पत्नी से कहा, "हमारी बेटी शादी के लायक हो गई है। पास गांव के किसान उसे देखना चाहते हैं। तुम बताओ क्या करना है?"

उसकी पत्नी ने कहा "बेटी सयानी हो गई है। शादी तो करनी ही है। घर बैठे मेहमान आए हैं। अपनी बेटी उन्हें दिखा देते हैं। लड़की किसान को पसंद आ गई। दोनों ओर से बात पक्की हो गई और कुछ दिनों में शादी हो गई। सब मिलजुलकर रहने लगे।"

एक दिन किसी बात को लेकर सास-बहू में कहा सुनी हो गई। फिर बहू ने अपना चूल्हा अलग कर लिया। किसान के बेटे ने भी अपनी पत्नी का ही साथ दिया।

किसान व उसकी पत्नी थोड़ा निराश हुए। उन्होंने दूसरे बेटे की शादी करने की सोची। किसान फिर दूसरे गांव में गया। वहां एक किसान की लड़की को पसंद किया और धूमधाम से शादी कर दी। घर में बहू आ गई। कुछ दिनों तक सब ठीक-ठाक चला। फिर उस बहू ने भी अपनी जेठानी की देखा-देखी कर अपना चूल्हा अलग कर लिया।

किसान व उसकी पत्नी फिर परेशान हुए। जैसे-जैसे वे बूढ़े होते जा रहे थे, वैसे-वैसे कठिनाई बढ़ती जा रही थी। पर करे तो क्या करें? उन्हें कुछ सूझ नहीं रहा था।

अब उन्होंने तीसरे लड़के की शादी करने की सोची। किसान ने लड़के को बताया और बहू पसंद करने घर से निकल गया। इस बार वह और दूर के गांव में गया। कोई जान-पहचान न होने से काफी कठिनाई हुई। पर क्या करता? उसे तो बहू खोजनी ही थी।

उसे एक लड़की उस गांव में पसंद आ गई। झटपट उसने अपने लड़के की शादी कर दी। एक बार फिर घर-परिवार में सुख-शांति आ गई। बहू घर का काम संभालती और बाकी लोग काम पर जाते।

कुछ दिन ही बीते थे कि उसने भी अपनी जेठानियों की देखा-देखी चूल्हा अलग कर लिया। घर में फिर वही परेशानी शुरू हो गई। किसान व उसकी पत्नी काफी दुखी हुए। जो कमा कर लाते सभी खर्च हो जाते। जितने लड़के, उतने परिवार और उतने ही खर्च बढ़ते जा रहे थे। एक ही आंगन में कई चूल्हे जलते थे।

किसान फिर अपने काम में जुट गया। उसके चार बेटे उसी के साथ काम पर जाते। जो कमाकर लाते मिलकर खर्च करते। कुछ दिन बाद किसान ने अपने चौथे लड़के की शादी कर दी। कुछ दिन साथ रहने के बाद उस बहू ने भी अपना चूल्हा अलग कर लिया।

इसी तरह किसान ने एक-एक कर अपने सातों बेटों की शादी कर दी। कुछ दिन साथ रहने के बाद बहुएं अपना चूल्हा अलग कर लेतीं। उनके पति जो कुछ कमाते उसे पूरा खर्च कर देते। पर सबसे छोटी बहू किसान के साथ रहती थी। वह पढ़ी-लिखी थी। चतुर थी। अपनी जेठानियों का खूब आदर करती थी। उसे घर के साथ बाहर वाले भी बहुत पसंद करते थे।

घर में एक बार फिर सुख-शांति आ गई। सभी कुछ ठीक-ठाक चल रहा था। सातों भाई काम पर चले जाते, बहुएं अपने काम में लग जातीं। पर सभी का चूल्हा अलग था। जितने चूल्हे उतने खर्च। यह बात छोटी बहू को अखरती थी। वह सोचती थी, 'यदि सबकी

कमाई जमा कर दी जाए तो घर में पूंजी जमा हो सकती है? उससे खेती-बाड़ी में बढ़ोतरी की जा सकती है, उसके मन में इसी तरह के विचार आते थे।

एक दिन की बात है। सुबह का समय था। सातों भाई व किसान अपने-अपने काम पर निकल गए थे। छहों जेठानियां नहाने चली गईं। छोटी बहू घर में अकेली रह गई थी। वह कुछ देर अपने कमरे में बैठ गई। शांति से सोचने लगी, ''कैसे सातों चूल्हों को एक किया जाए?''

वह खुश होते हुए कमरे से निकली। उसे उपाय सूझ गया था। उसने एक-एक कर छहों चूल्हों को तोड़ दिया। केवल पुराना चूल्हा बचा लिया। वह उसमें आग जलाकर खाना पकाने लगी।

कुछ देर में उसकी जेठानियां नहाकर वापस आईं। कपड़ा सूखाने के बाद वे खाना बनाने की तैयारी करने लगीं। आंगन में आकर देखा तो सबके चूल्हे टूटे हुए थे। वे आपस में काना-फूसी करने लगीं। उनको कुछ समझ में नहीं आ रहा था। चूल्हे किसने तोड़े होंगे?

तभी छोटी बहू बाहर आई, जेठानियों के पास गई। उन्होंने पूछा, ''हमारे चूल्हे किसने तोड़े?'' उसने सीधा जवाब दिया, ''दीदी! ये सारे चूल्हे मैंने तोड़े हैं।'' इस पर छहों जेठानियां बहुत नाराज हुईं। वे छोटी बहू को भला-बुरा कहने लगीं। वह बहुत देर तक सुनती रही। तभी किसान, सातों बेटे और उसकी पत्नी सभी घर में आ गए।

घर में हो-हल्ला होने लगा। इसे सुनकर पास-पड़ोस के लोग भी आ गए। तब छोटी बहू ने सभी को शांत हो जाने के लिए कहा। सभी उसकी ओर निहारने लगे। उसने कहा, ''मैने इन चूल्हों को घर में एकता लाने और खर्च में बचत करने के लिए तोड़ा है। इसमें मेरी गलती है पर यह हमारे परिवार के लिए फायदेमंद है।''

तब जेठानियों ने पूछा, ''किस तरह से लाभ होगा?'' उसने कहा, ''सरल-सा हिसाब है। घर में एक ही चूल्हा जलेगा तो खाना एक साथ बनेगा। इसमें कम लोगों की जरूरत होगी। राशन-पानी का खर्चा भी कम लगेगा। हम लोग बारी-बारी से खाना पकाएंगे। बाकी लोग बाहर काम करने जाएंगे। इस तरह घर की आमदनी बढ़ जाएगी। बचत भी होगी।''

छोटी बहू की समझदारी सबको भाई। सब शांत हो गए। सभी ने उसकी बातों में हामी भर दी। अब घर में सात की जगह एक चूल्हा जलने लगा। सभी का समय व शक्ति बची। घर में आमदनी बढ़ी और बचत भी होने लगी। किसान और उसकी पत्नी छोटी बहू की समझदारी से बहुत खुश हुए। गांव भर में उसकी प्रशंसा होने लगी।

■

पत्ता और ढेला

एक बार बरगद के पत्ते और मिट्टी के ढेले में मित्रता हो गई। दोनों हमेशा साथ-साथ रहते। कहीं चले भी जाते तो शाम तक एक जगह आ जाते। पत्ता हमेशा नीचे रहता ढेला हमेशा ऊपर ताकि पत्ता कहीं उड़ न जाए।

एक दिन ढेले को पहाड़ों पर चढ़ने की इच्छा हुई। पर चढ़ता कैसे? एक बाधा आन पड़ी। वह चल-फिर नहीं सकता था। उसने पत्ते से कहा, ''मित्र! मुझे पहाड़ों पर जाने की इच्छा हो रही है, पर मैं चल नहीं सकता।''

पत्ते ने कहा, ''तुम तो बड़े बुद्धू हो। चलो, तुम मुझ पर सवार हो जाओ। मैं फुर्र से उड़ सकता हूं। तुम मिनटों में पहाड़ों की सैर कर सकते हो।'' इतना कहकर पत्ता ढेले को लेकर पहाड़ों की ओर उड़ गया।

ढेला पहाड़ों की ऊंचाई से नीचे की ओर कई बार लुढ़का। पत्ता उसे फिर ऊपर चढ़ा देता। वह कई बार मजे से उतरा और चढ़ा। उसने लुढ़कने का पूरा आनंद लिया। जब जी भर गया तब फिर पत्ते पर सवार होकर नीचे की ओर उड़ आया।

कुछ दिन बाद की बात है। पत्ते को हवा के झोंको में उड़ने की इच्छा हुई। गरमी के दिन थे। तब ढेले से उसने अपने मन की बात कही। ढेले ने कहा, ''तुम क्यों घबरा रहे हो? चलो मैं तुम पर सवार हो जाता हूं। तुम जैसा चाहोगे वैसे दाएं-बाएं करवटें लेना। ऐसे ही ऊपर-नीचे उड़ना। जब हवा शांत हो जाए तब नीचे उतर आना।''

कुछ देर में हवा के झोंके चलने लगे। पत्ता झट से उड़ने को तैयार हो गया। ढेला उसके ऊपर सवार हो गया। दोनों देर तक हवा में बलखाते रहे, मानो हवाई जहाज में बैठकर यात्रा कर रहे हो। हवा के शांत होने पर दोनों नीचे उतर आए।

दोनों बैठकर देर तक बातें करते रहे। हवा में बलखाने की बातों में दोनों उलझते गए। तभी पत्ता बोल उठा, ''ढेला मित्र! तुम तो माटी के लोढे हो, तुम क्या जानो उड़ने का मजा? मेरे कारण ही तुम उड़ पाए।'' ढेले को यह बात बहुत खराब लगी।

ढेले को पत्ते की बात सहन नहीं हुई। उसने कहा, ''तुम भी मेरे कारण बच पाते हो। नहीं तो कहां उड़ जाते पता ही नहीं चलता?'' दोनों तकरार करने लगे। उसी समय काली-

काली घटा छा गई। बिजली कड़कड़ाने लगी और बूंदा-बांदी शुरू हो गई। ढेले का गुस्सा शांत होने लगा। जैसे-जैसे पानी की बूंद पड़ती वैसे-वैसे वह घुलता जा रहा था।

पास में पड़ा पत्ता सब देख रहा था। पर मित्रता में दरार पड़ चुकी थी। तभी हवा के झोंके चलने लगे। अब दोनों खतरे में पड़ गए। ढेला पानी में घुल रहा था। पत्ता हवा में उड़ने लगा था। मित्रता हमेशा-हमेशा के लिए खत्म होने वाली थी।

तभी हवा का एक जोरों का झोंका आया। पत्ता उड़ा और ढेले के ऊपर जा गिरा। पानी गिरता रहा। ढेला घुलने से बचा। हवा थोड़ी देर में थम गई। दोनों बच गए।

इस तरह थोड़ी-सी तकरार दोनों की मित्रता खत्म करने वाली थी। पर उस हवा के झोंके ने दोनों को एक-दूसरे से दूर होने से बचा लिया। दोनों ने एक दूसरे को धन्यवाद दिया।

इसीलिए कहा गया है कि मित्रता में किसी तरह का जहर न घोलो। एक-दूसरे के महत्व को बढ़ाते हुए बातचीत करो। मित्रता को हमेशा के लिए बनाए रखो।

■

बुराई का फल

बहुत पुरानी बात है। एक बार जंगल के राजा शेर और भालू में दोस्ती हो गई। दोनों में खूब बनती थी। जंगल में दिन भर दोनों साथ-साथ घूमते। जंगल की सभा में भी भालू शेर के पास बैठता था। इससे दूसरे जानवरों को काफी जलन होती थी। पर राजा के सामने बोलने की हिम्मत किसी की नहीं होती थी।

एक दिन सियार को शेर और भालू जंगल की ओर जाते हुए दिखे। सियार भी उधर ही जा रहा था। आमने-सामने भेंट हो जाने पर दोनों को उसने नमस्कार किया। पर सियार मन ही मन जल-भुन गया। वह दोनों की दोस्ती में दरार डालने का उपाय सोचने लगा। फिर चुपके से खिसक गया।

इधर शेर और भालू मजे से पास के जंगल में शिकार के लिए चले गए। इधर-उधर खूब घूमे। फिर शाम होते-होते दोनों एक ही जगह पर बैठ गए। तभी सियार भी उनके पास आया और जमकर बैठ गया। फिर भालू उठकर चला गया।

अब शेर अकेला था। मौका पाकर सियार भालू की बुराइयों को शेर के सामने कहने लगा। उसने कहा, "महाराज! आपकी कृपा हो तो एक बात आपसे कहूं?" "एक क्या अनेक बात करो।" शेर ने गरजते हुए कहा। सियार को काफी बल मिल गया। वह मनमाने ढंग से भालू की बुराई करने लगा। अंत में कहा, "महाराज! भालू आपको मरवाने की योजना बना रहा है।"

शेर को एकाएक सियार की बातों पर भरोसा नहीं हुआ। पर अपनी जान की परवाह किसको नहीं होती? वह अब सतर्क रहने लगा।

इसी तरह सियार एक दिन भालू के पास गया। उसने कहा "अरे भालू भाई! तुम जरा संभल कर रहना। शेर तुम्हें किसी दिन मारने ही वाला है। वह तुमसे जलन रखने लगा है।"

भालू को सियार की बातों पर जरा भी विश्वास नहीं हुआ। उसने डपटते हुए कहा, "अरे! जा रे बुद्धू कहीं का। महाराज के साथ मेरी गहरी दोस्ती है। वह मेरे साथ किसी तरह का धोखा नहीं कर सकते।"

सियार की बातों ने दोनों के मन में काफी दरार पैदा कर दी। दोनों कुछ दिनों के बाद मिले। दुआ-सलाम तो हुई पर मन में कोई उत्साह नहीं था। इस बीच सियार लगातार दोनो को भड़काता रहा। दोनों एक दूसरे से कटे-कटे रहने लगे।

एक दिन की बात है। दोनों की भेंट एक खेत पर हो गई। खेत जिस किसान का था। उसने कुछ ही दिन पूर्व ही खेत की मेड़ों से बबूल के पेड़ काटे थे। उनकी ठूंठ मेंड़ों में थी और उन पर गोंद फूट गया था।

यहीं शेर और भालू की भेंट हुई। इधर शेर आंखें फाड़कर भालू को देखने लगा। उधर भालू भी तमतमाया हुआ था। दोनों एक-दूसरे को घूरने लगे। पास में आते ही दोनों एक-दूसरे पर हमला कर बैठे। लड़ाई शुरू हो गई।

कुछ देर में वहां सियार भी आ गया। वह भालू का पीछा करते-करते वहां तक पहुंचा था। उसके मन में लड्डू फूटने लगे। जैसा वह चाहता था, वैसा हो रहा था। उसने सोचा भालू मरेगा तो वह उसकी जगह शेर से दोस्ती करेगा। थका होने के कारण वह पेड़ की ठूंठ पर जमकर बैठ गया। दोनों की लड़ाई देखने लगा।

तभी थोड़ी देर बाद किसान अपने नौकरों के साथ खेत पर आया। वे गाड़ी में लकड़ी ले जाना चाहते थे। उनके हाथों में बड़ी-बड़ी लाठी व कुल्हाड़ियां थीं। उस पर शेर की निगाह पड़ गई। वह डर गया। शेर और भालू दोनों भाग खड़े हुए। सियार वहीं बैठा रह गया। किसान उसके पास गया। उसने डंडा उठाया और दनादन मारने लगा। सियार अपनी जगह से टस से मस नहीं हो सका। मार के मारे वह सिहर गया।

कुछ दूर जाकर शेर रुक गया। पलट कर देखा। किसान सियार की पिटाई कर रहा था। वह सब कुछ समझ गया। वास्तव में उस मूर्ख सियार के कारण हम लोग लड़ पड़े। अच्छा है उसे भी बुराई करने का फल मिल रहा है।

भालू भी थक चुका था। कुछ दूर में ही थक कर बैठ गया। पलट कर देखा तो सियार दमादम मार खा रहा था। वह समझ गया कि उसी धूर्त ने दोनों की दोस्ती में दरार पैदा की है। अच्छा है उसे किए का फल तुरंत मिल गया।

सुस्ताने के बाद शेर और भालू एक-दूसरे की ओर ताकने लगे। भालू उसके पास उठकर गया। दोनों ने एक-दूसरे से माफी मांगी। भालू ने दीनता के भाव से कहा, "महाराज! देखा, कैसे धूर्त सियार हम दोनों की दोस्ती को तोड़कर अपना स्थान बनाना चाहता है।"

"अरे हां! भाई! अच्छा है खेत में किसान आ गया। नहीं तो हम दोनों लड़ते ही रहते। दोनों की जान भी जा सकती थी। सियार ने हमें लड़ा दिया था।" शेर ने कहा।

"अच्छा है महाराज! हम दोनों तो बच गए। उसे बुराई का फल मिल चुका है। इसीलिए कहा गया है कि व्यर्थ में किसी की बुराई न करो। बुराई का फल बहुत ही कड़वा होता है।"

■

कलुवा कौआ

नदी किनारे बबूल का एक पेड़ था। वहां एक कौआ रहता था। उसका नाम कलुवा कौआ था। वह बहुत झगड़ालू था। अन्य पक्षियों को लड़-झगड़कर वहां से भगा देता था। किसी पशु को चैन से नदी का पानी तक नहीं पीने देता। कोई भी वहां आता तो कांव-कांव कर परेशान कर देता।

शुरू-शुरू में उसे यह सब अच्छा लगा। अब वह बूढ़ा हो गया था। अकेला रहना उसे अच्छा नहीं लगता था। पेड़ के पास आने वालों को वह पुकारता, "आओ भाई! आओ, मेरे पास आओ। मुझसे मित्रता करो।"

उसकी कांव-कांव और झगड़ालू आदत के कारण कोई पास नहीं आता।

एक दिन सुबह-सुबह कौआ पेड़ पर बैठा था। तभी उसकी नजर बिल के पास बैठे चूहे पर पड़ी। उसने कहा, "चूहे भैया! बिल से बाहर आओ और मेरे पास बैठो। मैं तुमसे मित्रता करना चाहता हूं।" इतना कहकर वह बिल के पास जमीन पर आकर बैठ गया।

चूहा सकपका गया। कहीं धोखा देकर कौआ उसे मार न डाले। वह बिल के भीतर घुसने लगा।

कौए ने कहा, "अरे भैया! डरो मत। मैं तुझे नहीं मारूंगा, नहीं सताऊंगा। मैं तो तुमसे दोस्ती करना चाहता हूं। अकेले रहना मुझे अच्छा नहीं लगता।"

चूहा कलुवा कौए की आदत जानता था। उसने कहा, "कौआ भैया! मैं भला तुमसे दोस्ती कैसे कर सकता हूं? तुम कहां आकाश में उड़ने वाले, पेड़ों पर बैठने वाले और मैं जमीन पर चलने वाला।"

चूहे ने सोचकर फिर कहा, "ठीक है भाई! पर झगड़ा मत करना।"

दोनों कुछ देर तक बातचीत करते रहे। फिर कौआ उड़कर पेड़ पर बैठ गया और चूहा बिल में घुस गया। चूहे और कौए की मित्रता पक्की हो गई। दोनों मजे से घूमते-फिरते और बातचीत करते। उनके दिन खुशी से बीतने लगे।

एक दिन की बात है। कौए ने चूहे का पुकारा, "चूहे भैया! बाहर आओ।" कौए की पुकार सुनकर चूहा बिल से बाहर आया और पूछा, "क्या है भैया! क्यों बुला रहे हो?"

कौए ने कहा ''चलो भैया। आज नदी में नहाते हैं। नहाने की बड़ी इच्छा हो रही है।'' ''नहीं भैया! मै नदी में नहीं जाऊंगा।'' चूहे ने कहा।

''अरे भाई! डरने की बात नहीं है। अगर तुम डूबने लगे तो मैं तुम्हें पंजे से उठा लूंगा।'' कौए ने चोंच मटका कर कहा।

चूहा कौए के बहकावे में आ गया। दोनों नदी किनारे पहुंचे। कौए ने कहा, ''डरो नहीं चूहे भैया, मजे से नहाओ।'' वह पंख फड़फड़ा कर, चोंच में पानी भर-भर कर नहाने लगा।

चूहा भी मुंह मटका कर नहाने लगा। तभी पानी में जोरों की लहर आई। चूहे का पैर फिसला और वह पानी में डूबने लगा। उसने कौवे को पुकारा, ''बचाओ कौवे भैया! बचाओ...!''

पर कलुआ कौए के कान में जूं तक नहीं रेंगी। वह चुपचाप सब देखता रहा। चूहा कुछ दूर तक पानी में बहता रहा। थोड़ी देर बाद वह नदी के किनारे उगे झरबेरी में फंस गया। कांटों से उसका शरीर लहूलुहान हो गया। वह दर्द के मारे कराहने लगा।

तभी कौए की नजर चूहे पर पड़ी। मरा हुआ जान कर कलुआ उसके पास गया। जिंदा देखा तो हड़बड़ा गया। फिर उसने पूछा, ''चूहे भैया। यह लाल-लाल कैसे हो गया?''

''अरे कलुवा भैया। तुम नहीं जानते। मैं तो गोदना गुदवा रहा हूं। देख नहीं रहे मेरा काला शरीर लाल रंग का हो गया है?'' चूहे ने कहा।

''हां! यह तो देख रहा हूं। क्या मेरा काला रंग भी लाल हो सकता है?'' कौए ने चोंच मटका कर पूछा।

''मेरा लाल रंग अच्छा लगा?'' चूहे ने पूछा। ''अच्छा लग रहा है तभी तो मैं पूछ रहा हूं। मैं कैसे अपना रंग बदलूं?'' कौए ने कहा।

चूहे ने कहा, ''कौए भैया! थोड़ा धीरज रखो। तुम्हें अपना रंग बदलना है न?''

''हां, चूहे भैया! मुझे अपना काला रंग पसंद नहीं। इसी कारण कोई मुझसे दोस्ती नहीं करना चाहता।'' कौए ने कहा।

''देखो भैया! तुम्हें अपना रंग बदलना है तो गोदना गुदवाना पड़ेगा।'' चूहे ने कहा।

''चूहे भैया देर न करो शाम होने वाली है। जल्दी बताओ मुझे क्या करना है?'' कौआ उतावला होते हुए बोला। ''कौआ भैया! तुम भी उसी झरबेरी में धीरे से पूरे शरीर को घुसाओ।'' चूहे ने कहा।

कौआ झट से झरबेरी में गया और पहले चोंच को, फिर पूरे शरीर को घुसा दिया।

तब चूहे ने कहा, ''हां, भैया! अब अपने शरीर को पूरा गोल-गोल घुमाओ।''

कौए ने झट से पंख फड़फड़ाया और शरीर को घुमाने लगा। अभी आधा ही घुमा पाया था कि झरबेरी के कांटों से उसका पूरा शरीर लहूलुहान हो गया। वह कांव-कांव करने लगा।

चूहा चिल्लाने लगा, ''और गुदवाओ भैया! और गुदवाओ। पूरा लाल होने दो।''

''बचाओ चूहे भैया, बचाओ मेरी जान निकली जा रही है। कौए ने कराहते हुए कहा।''

कौए की कांव-कांव सुनकर कुछ पक्षी वहां जमा हो गए। चूहे ने उनको सारी बात बता दी। फिर सब ने मिलकर कौए को झरबेरी से निकाला। उसे मित्र के साथ धोखेबाजी का सबक मिल चुका था।

कौए ने कहा, ''मुझे अपने किए की सजा मिल गई है भाइयो! अब से मैं किसी के साथ धोखा नहीं करूंगा। सबके साथ मिलकर रहूंगा।''

सब अपने-अपने डेरे की ओर चले गए। चूहे और कौए की दोस्ती और भी गहरी हो गई। फिर से दोनों मजे से रहने लगे।

■

संकट का साथी

एक समय की बात है। एक गांव नदी किनारे बसा था। अन्य लोगों के अलावा उस गांव में कुछ केवट भी रहते थे। नदी से मछली पकड़ना और दूसरे गांवों में जाकर बेचना उनका काम था।

एक दिन की बात है। करमू नाम का केवट सुबह-सुबह मछली पकड़ने के लिए निकला। उसने अपने साथ जाल और मछली रखने के लिए टोकरी ले ली। कंधे पर जाल और टोकरी रखे वह मगन होकर अपनी राह जा रहा था।

थोड़ी देर में वह नदी के पास पहुंच गया और खड़ा होकर मछली को देखने लगा। मछलियां ज्यादा नहीं दिखी तो वह थोड़ा निराश हो गया। उसने सोचा, 'चलो थोड़ी दूर और चला जाता हूं।' वह चलने लगा, तभी पानी के भीतर पड़े पत्थर के नीचे छिपा केकड़ा बोला, "भैया करमू। मुझे भी अपने साथ ले चलो।"

केवट बोला, "अरे केकड़े! तुझे ले जाकर क्या करूंगा? फिर रखूंगा कैसे? तुम मेरी तरह जल्दी-जल्दी थोड़े ही चल सकोगे?" केकड़ा चतुर था। वह बोला, "भैया करमू। मुझे चलना नहीं पड़ेगा। तुम मुझे अपनी टोकरी में डाल लेना बस। फिर क्या? मै तो तुम्हारी गति से ही चलता रहूंगा।"

"वाह रे चतुर के नाती! मैं तुम्हें ले जाकर क्या करूंगा? तुम तो मछली को काट खाओगे?" केवट ने कहा। "नहीं करमू भैया। मैं तो तुम से मित्रता करना चाहता हूं। कभी संकट आया तो मैं तुम्हारी रक्षा करूंगा।" केकड़े ने कहा।

करमू केवल बातचीत में समय खराब करना नहीं चाहता था। कुछ सोचकर उसने कहा, "चलो ठीक है, टोकरी में बैठ जाओ। मुझे जल्दी मछली पकड़ने जाना है।" केकड़ा पत्थर के पीछे से बाहर आया और झट से लंबी-लंबी डग भरी और टोकरी में बैठ गया। केवट अपनी राह चलने लगा।

दोपहर का समय हो गया था। करमू चलते-चलते थक गया। थोड़ी देर आराम करने के लिए वह नदी किनारे बरगद के नीचे आकर रुका। जाल और टोकरी कंधे से उतारे और नीचे रख दिए। जाल को सिरहाना बनाया और आंखें बंद कर ली।

केकड़ा टोकरी के भीतर अंधेरे में बैठे-बैठे बेचैन हो गया। वह बाहर का नजारा देखने के लिए टोकरी के ऊपर आकर बैठ गया। एक तरफ मुंह करके चारों तरफ की हरियाली को देखने लगा।,

उसी बदगद पर एक सांप और कौआ रहते थे। दोनों में गहरी मित्रता थी। कौए ने पेड़ के नीचे केवट को आंखें बंद कर सोया देखा तो उसके मन में लालच आ गया। वह सांप से बोला, ''मित्र! आज तुम मेरी एक सहायता करो।'' सांप ने पूछा, ''कैसी सहायता?''

कौए ने आदमी की ओर अपनी चोंच घुमाई और कहा, ''वह देखो, एक आदमी सोया है। यदि तुम उसे डस कर मार दोगे तो मैं उसकी आंखें मजे से खा लूंगा।'' सांप ने कहा ''ठीक है। मैं तुम्हारी इतनी सहायता तो कर ही सकता हूं।''

सांप पेड़ से सनसनाते हुए नीचे उतरा और करमू के पैर में काट लिया। करमू गहरी नींद में था। फिर सांप के विष ने उसे मूर्छित कर दिया। कौआ उतावला हो गया था आंखें खाने के लिए। वह करमू के माथे पर बैठकर आंख पर चोंच मारने ही वाला था कि तभी केकड़ा उसके पास आ गया और कौए की गरदन को अपने आरे में फंसा लिया। आरे में फंसा कौआ कांव...कांव करने लगा।

सांप डर गया। इधर-उधर देखने लगा। तब केकड़े ने कौए से कहा, ''अपनी जान बचाना है तो अपने मित्र से विष उतारने के लिए कहो। नहीं तो वे तुम्हारी गरदन धड़ से अलग कर दूंगा।''

कौए ने कराहते हुए कहा, ''सांप भैया! जल्दी से विष उतार दो। नहीं तो मेरी जान चली जाएगी।'' कौए की स्थिति सांप देख रहा था। वह झट से सरक कर पैर के पास गया और चूस कर विष वापस लेने लगा। थोड़ी देर में करमू को होश आ गया।

नींद खुली तो कौए, केकड़े और सांप को एक साथ देखकर वह हड़बड़ा गया। पर थोड़ी देर में उसे सब कुछ समझ में आ गया।

केकड़े ने सारी बात साफ-साफ करमू को बता दी। करमू ने कहा, ''धन्य है मित्र। धन्य है तुम्हारा साहस।'' केकड़े ने कहा, ''किसी की जान बचाना तो हर प्राणी का कर्त्तव्य है। फिर तुम तो मेरे मित्र हो। मैं तुम्हारे लिए अपनी जान भी दे सकता हूं।''

करमू ने कहा, ''देखा रे कलुवा कौए! मित्र हो तो केकड़े की तरह। तुम्हारी तरह नहीं जो अपने स्वार्थ के लिए किसी दूसरे की जान ले ले और अपने मित्र को किसी की जान लेने के लिए कहे।''

सांप भी सकपका गया। केकड़े ने कौए की गरदन से अपना आरा हटा लिया। उसके मन में बड़ी सुखद अनुभूति हुई, ''चलो आज मैं मित्र के संकट का साथी बन गया।''

उस दिन के बाद से करमू केवट रोज अपनी टोकरी में केकड़े को डालकर ले जाता। एक दिन उसने पूछा, ''केकड़े भैया! अब तुम बताओ मैं तुम्हारी क्या सेवा करूं?''

केकड़े ने कहा, ''ऐसे तो मुझे यहां पूरी सुख-शांति मिल रही है पर यदि सेवा करना ही चाहते हो तो मुझे किसी बड़े तालाब या बांध में छोड़ दो। मैं वहां बड़े आराम से रहूंगा।''

करमू केवट को बरगद के नीचे वाली घटना याद आ गई। वह दूसरे दिन सुबह ही केकड़े को टोकरी में रख दिन भर चलकर समुद्र के पास पहुंचा। थोड़ी सुख-दुख की बातें की और बड़े आदर के साथ केकड़े को समुद्र के पानी में छोड़ दिया। करमू का मन गदगद हो गया कि उसने अपने संकट के साथी को सुख के सागर में छोड़ दिया है।

इस तरह मित्र को संकट से बचाना पुनीत कर्त्तव्य है और दूसरों को गलत कार्य के लिए उकसाना अपराध।

''दाल-भात चुरगे। मोर कहानी पुरगे।''

खाना पक चुका और मेरी कहानी भी पूरी हो गई।

■

देखा-देखी

बहुत पहले की बात है। एक गांव में किसान रहता था। वह मेहनती व दयालु था। उसके पास एक जोड़ी बैल थे। किसान उनसे खूब काम लेता और उनकी देखभाल भी अच्छी तरह से करता।

एक बार एक बैल बीमार हो गया। किसान ने उसका बहुत इलाज कराया। सेवा में दिन-रात एक कर दिया पर वह बीमारी से मर गया। किसान बहुत दुखी हुआ। अब एक बैल से काम नहीं हो पाता था। परेशान किसान ने मरे बैल की खाल बेचने की सोची।

कंधे पर बैल की खाल लटकाकर वह पास के गांव में गया। लोगों को आवाज दी, "खाल ले लो...खाल। बैल की खाल ले लो...।"

किसान की आवाज सुनकर एक बुढ़िया घर से निकली। किसान ने उससे कहा, "माई! यह खाल ले लो और बदले में कोई दूसरी वस्तु दे दो।"

"ठीक है। यह खाल मुझे दे दो और बदले में मैं एक मटकी दूंगी। क्या तुम्हें मंजूर है?" बुढ़िया ने पूछा।

"मुझे मंजूर है। खाल लो और मटकी दे दो।" इतना कहकर उसने खाल बुढ़िया को दे दी और मटकी लेकर घर की ओर चल पड़ा।

घर आकर किसान ने मटकी अपनी पत्नी को दे दी। मटकी में धूल जमी थी। उसने मटकी को पानी में धोया तो अजरज में पड़ गई। वह सोने की बन गई। किसान ने भी देखा तो अचंभित हो गया। "अरे! यह तो गजब हो गया। सोने की मटकी? हमारी किस्मत जाग गई।" किसान ने कहा। उसकी पत्नी ने कहा, "चलो इससे हमारी गरीबी दूर हो जाएगी। अब धीरज से काम लो। इसे बेचकर हम अपनी दरिद्रता दूर कर लेंगे।"

दूसरे दिन किसान शहर जाकर मटकी को बेचकर रुपया ले आया। घर-द्वार बनवाने लगा। देखते-देखते वह बड़ा आदमी बन गया। आस-पड़ोस के लोग किसान के बदले हालात देखकर अचंभित हो गए। मन में ईर्ष्या करने लगे। कुछ लोग उसके घर गए और पूछा, "क्यों भाई! तुम इतनी जल्दी धनवान कैसे हो गए?"

दूसरे ने पूछा, ''क्या कोई नया काम-धंधा शुरू किया है।'' जितने मुंह उतनी बातें होने लगी। किसान तो भोला-भाला था। वह कहने लगा, ''सुनो भाइयो! क्या अमीरी और क्या गरीबी? और न ही मैंने कोई काम-धंधा शुरू किया है।''

''फिर इतनी धन-दौलत कहां से आ गई।'' तीसरे व्यक्ति ने पूछा।

''वही तो बता रहा हूं। जरा ध्यान से सुनो।'' आगे बताते हुए उसने कहा, ''मेरा एक बैल मर गया था। उसकी खाल को मैं पास के गांव में बेचने गया था। तब एक बुढ़िया ने खाल के बदले में एक मटकी दी। धोने पर वह मटकी सोने की निकली। इसे शहर में बेचकर रुपया ले आया। धीरे-धीरे अपने घर की स्थिति को सुधारने लगा।''

''अच्छा तो ऐसा हुआ है। चलो भाइयो! हम लोग भी बुढ़िया के पास जाते हैं।'' कह कर सभी चले गए। वे सब अपने-अपने घर गए और एक-एक बैल को मार डाला। फिर सबने खाल के बदले मटकी मांगी। बुढ़िया अचंभित हो गई कि इतने सारे लोग एक साथ खाल बेचने आए हैं? उसने खाल ले ली और सबको एक-एक मटकी दे दी।

सब मन के लड्डू खाते-खाते अपनी-अपनी मटकी लेकर घर लौटे। सबने पानी से रगड़-रगड़ कर धोया। पर मटकी सोने की नहीं बनी। सभी परेशान व क्रोधित हो गए। सब के सब उस किसान के घर दोबारा गए। उसे तरह-तरह के उलाहने देने लगे, ''धोखेबाज, बदमाश, बेइमान, हम लोगों को बुद्धु बना दिया।'' वह सब चुपचाप सुनता रहा। सबके सामने क्या करता?

अंत में सब लोगों ने मिलकर उस किसान का घर जला दिया। उसका सब कुछ जल गया। वह राख को बोरे में भर कर बैलगाड़ी में रख जंगल की ओर चल पड़ा। रास्ते में उसे राजकुमार मिला। वह शिकार करते हुए महल का रास्ता भूल गया था। कहने लगा, ''दादा मुझे महल पहुंचा दो।''

किसान ने चतुराई से कहा, ''बेटा! मैं तुम्हें महल जल्द पहुंचा दूंगा। परंतु तुम्हारे बैठने से मेरी गाड़ी में भरे सोने के सिक्के राख में बदल जाएंगे।''

राजकुमार ने कहा, ''दादा! चिंता मत करो जितना चाहो सोने के सिक्के दिलवा दूंगा। मुझे किसी तरह महल पहुंचा दो। भूख-प्यास से मेरा जी निकला जा रहा है।''

किसान ने राजकुमार को महल पहुंचा दिया। बदले में राजा ने उसे एक हजार सोने के सिक्के दे दिए। वह खुश होकर घर लौट आया और फिर से घर को बनवाने लगा।

कुछ लोग फिर उसके पास आए और पूछने लगे, ''भैया! अब की बार कहां से धन ले आए जो घर बनवाने लगे। तुम्हारा घर तो जलकर राख हो गया था?''

किसान ने सारी बात सच-सच बता दी। उसने बताया, ''भैया! एक दिन राजकुमार शिकार करते हुए महल का रास्ता भूल गया था। मैं उसे बैलगाड़ी में बैठाकर महल तक छोड़ आया। तब राजा ने मुझे एक हजार सोने के सिक्के दिए थे।''

सभी लोगों ने लालच में पड़कर अपना-अपना घर जला डाला और राख को बोरे में भरकर बैलगाड़ी में रखकर जंगल की ओर चल पड़े। सभी एक-दूसरे से आगे बढ़ना चाहते थे। वे गाड़ी जोरों से हांकने लगे।

उस समय राजकुमार जंगल में शिकार कर रहा था। लेकिन बैलगाड़ी के शोरगुल के कारण उसका निशाना चूक गया। वह बहुत क्रोधित हुआ। उसने उन्हें पकड़ने के लिए अपने सिपाहियों को भेजा।

सबको राजमहल में राजा के सामने पेश किया गया। अपराध की पूछताछ की गई। फिर सबको दस-दस कोड़े की सजा मिली। सबके सब फिर उस किसान पर बहुत क्रोधित हुए। गांव आकर किसान को बोरे में भरकर नदी में फेंकने के लिए ले जाने लगे। अकेला किसान चार लोगों के सामने क्या करता।

रास्ते में मंदिर पड़ा। सब थक चुके थे। वे बोरे को पेड़ पर टिका कर मंदिर में आराम करने लगे। उसी समय वहां एक ग्वाला गाय चराते हुए आया। किसान ने उसे आवाज दी ''ग्वाला भैया! आओ तो।'' ग्वाले ने इधर-उधर देखा! ग्वाला पास आया। किसान को बोरे से बाहर निकाला और पूछा, ''बोरे में क्यों बंद थे?''

किसान ने चतुराई से काम लिया और कहा, ''ग्वाले भैया! गांव के कुछ लोग मेरा विवाह कराना चाहते हैं। इसलिए वे मुझे बोरे में भरकर ले जा रहे हैं।''

विवाह का नाम सुनकर ग्वाला ललचा गया। वह युवा था। अभी तक उसका विवाह नहीं हुआ था। वह कहने लगा, ''भैया! तुम मुझे बोरे में बंद कर दो। मैं विवाह करना चाहता हूं।''

किसान के मन की बात पूरी होने लगी। वह ग्वाले को बोरे में बंद कर गाय को चराने किनारे चला गया। थोड़ी देर बाद गांव वाले बोरे को उठाकर चलने लगे। नदी पर पहुंचकर उसे फेंक दिया। वापस आकर फिर वे मंदिर में बैठकर सुस्ताने लगे। तभी वहां से किसान गाय लेकर निकला गांव वालों ने पूछा, ''गाय कहां से ले आया?''

''अरे भाई! तुम लोगो ने तो मुझे नदी में फेंक दिया था। यदि पानी में थोड़ी दूर गहराई में फेंकते तो हाथी लेकर आता और उस पर सवार होकर राजा की तरह घूमता।'' सबके मन में फिर लालच आ गया। यदि हमारे पास हाथी हो जाए तो हम राजा की तरह रहेंगे?

सब कहने लगे, ''अच्छा चलो! हम सबको तुम एक-एक कर नदी में गहराई तक फेंक दो। हमें हाथी लाना है।''

''ठीक है तुम लोग थोड़ी देर इंतजार करो। मैं गाय को बांधकर और चार बोरे लेकर आता हूं। इतना कहकर किसान वहां से चला गया। इधर गांव वालों की हाथी पाने की इच्छा बढ़ती जा रही थी।

किसान चार बोरे लेकर लौटा। गांव वाले वैसे भी उतावले हो रहे थे। झट से उनको बोरे में भरा और एक-एक कर नदी में दूर तक फेंक दिया। चारों नदी में बह गए।

किसान गाय को लेकर वापस गांव आ गया। खुशी से वह जीवन बिताने लगा। देखा-देखी कर लालच करने वालों को उनकी करनी की सजा मिल गई।

■

दीपकों की बातचीत

एक गांव में भाई-बहन रहते थे। इनके माता-पिता बचपन में ही चल बसे थे। भाई बड़ा था। बहन छोटी थी। भाई दिन भर मेहनत करता और बहन का पूरा ध्यान रखता। उसे कुछ काम नहीं करने देता।

दिन बीतते गए। भाई मेहनत करके चार पैसा जमा करने लगा। जवान हुआ तो गांव के बड़े-बूढ़ों ने पड़ोस के गांव की कन्या से उसका विवाह करा दिया। अब भाई-बहन और भाभी तीनों सुखपूर्वक रहने लगे।

सुख के दिन जल्दी बीतते गए। दो वर्ष बीत गए। एक बच्चे का जन्म हुआ। भाई ने पिता बनने की खुशी में बच्चे की छठी धूमधाम से मनाई। दिन भर लोगों की आवाजाही चलती रही। लोगों ने बच्चे को खूब उपहार दिए।

इस साल फसल अच्छी हुई थी। बहन भी सयानी हो गई थी। भाई ने बुजुर्गों को साथ लेकर उसके लिए योग्य वर की तलाश करना शुरू किया। अब आसपास के लोगों में उसकी इज्जत बढ़ गई थी। चार गांव के लोग उसे जानने लगे थे। उसने बहन का रिश्ता तय कर झटपट विवाह कर दिया। अपनी शक्ति अनुसार रुपया खर्च किया और कपड़ा, गहने व घर-गृहस्थी का सामान दिया। बहन का ससुराल ज्यादा संपन्न न था। ले दे कर दो जून की रोटी खा पाते थे। कई दिन भूखे भी रहना पड़ता था। उसका पति भी उतना मेहनती नहीं था। घर में हमेशा दरिद्री छाई रहती थी।

एक दिन उसके बच्चों ने अपनी मां से कहा, ''चल मामा के घर जायंगे और दाल-भात खायेंगे।'' वह इस बात को बहुत दिन से टालती आ रही थी। इस बार उसका भी मन हुआ कि कुछ दिन भाई-भाभी के घर रहकर लौट आती हूं। बच्चों का भी मन बहल जायेगा।

बच्चों को आवाज दी, ''चलो बेटे! आज तुम्हारे मामा के घर जाना है। जल्दी तैयार हो जाओ।'' इतना कहकर वह खुद भी झटपट कपड़े-लत्ते संभालने लगी। एक पोटली में अपने व बच्चों के कपड़े रख, भाई के घर की राह पकड़ ली।

बच्चे आज बहुत खुश थे। वे बार-बार एक ही बात बोल रहे थे, ''मामा के घर जायेंगे, दाल-भात खायेंगे।'' उन्हें अपने घर ठीक से भरपेट खाना भी नहीं मिल पाता था। बच्चे खाने-पीने के लिए तरस जाते थे।

जब वे गांव के पास पहुंच गए तो बहन की नजर भाई पर पड़ी। उसका भाई खेत में हल चला रहा था। वह पास गई और भाई के पैर छुए। भाई ने कहा, ''अच्छा हुआ बहन तुम आ गई। तुम लोग घर जाओ। मैं थोड़ी देर में आऊंगा।''

बहन अपने भाई से मिलकर बहुत खुश हुई। बच्चो के साथ वह घर पहुंच गई। भाभी घर में थी। ननद व उसके बच्चों को देखकर चिढ़-सी गई। भीतर गई और लोटे में पानी लाकर दे दिया और भुनभुनाने लगी, ''जब देखो चली आती है। फौज-फाटा लेकर। यहां अपने ही नहीं पाले जाते हैं। ऊपर से ये लोग आ धमकते हैं।''

ननद ने भाभी की बातों को सुन लिया पर बच्चों के कारण चुप रही। भाभी ने अपने बच्चों को चावल-दाल-साग सब परोसा परंतु ननद के बच्चों को केवल पसिया परोसा। बच्चे अच्छे खाने को टुकुर-टुकुर निहारते रह गए। ननद को भी पसिया दिया।

कुछ देर बाद उसका भाई घर आया। अपनी पत्नी से पूछा, ''बहन और भांजों को खाना खिलाया।'' ''हां-हां। खिला-पिलाकर पड़ोस में बैठने भेज दिया।'' उसकी पत्नी ने कहा और भीतर चली गई। थोड़ी देर में खाना लेकर निकली। पति को खाने के लिए बैठने का इशारा किया।

भाई ने अपनी पत्नी से कहा, ''बहन व भांजे को किसी तरह का दुख न देना। इस बार. बहुत दिनों के बाद आएं हैं।'' ''ज्यादा फिकर न करो मैं उनका पूरा ध्यान रखूंगी।'' पत्नी ने मुंह बिचकाते हुए कहा।

तभी उसकी बहन अपने बच्चों के साथ पड़ोस से लौटी। भाई ने पूछा, ''बहन खाना खाया।'' ''हां भैया! भरपेट खाया।'' बहन ने जवाब दिया। भाभी की बदनामी थोड़ी ही करती। बच्चे ने भी कह दिया, ''हां मामा! भरपेट खाना खा लिया।''

जैसे-तैसे महीने भर का समय बीत गया। बहन को अपने घर की चिंता सताने लगी। फिर यहां भी ज्यादा दिन तक रहना भाभी के लिए बोझ ही बनना था। सो उसने एक दिन अपने भैया से कहा, ''महीना भर हो गया भैया! अब मैं अपने घर जाना चाहती हूं।'' भाई ने कहा, ''दो दिन और रुक जाओ बहन! पड़ोस के गांव में बाजार लगता है। वहां से तुम्हारे और भांजों के लिए कपड़े खरीद लाता हूं। फिर चली जाना।''

भाई की बात मानकर बहन दो दिन और रुक गई। उसका भाई बाजार से कपड़े खरीद कर ले आया और पत्नी को सामान देकर समझा कर कहा, ''जाते समय एक बड़े थैले में कपड़े, कुछ खाने-पीने का सामान और रुपया-पैसा दे देना।''

बहन ने भाभी के हाथ से थैला लिया और बच्चों के साथ अपने घर के लिए चल पड़ी। चलते-चलते बच्चे थक चुके थे। खाने-पीने के लिए जिद करने लगे। वे नदी के पास आ गए थे। मां ने कहा, ''चलो बेटे नदी किनारे बैठकर थैला खोलूंगी। कुछ खाकर नदी का पानी पी लेना।'' ''हां, मां! मामी ने खाने की चीजें जरूर रखी होगी।'' बच्चों ने कहा और थैले में झांकने लगे।

''हाय! ये क्या चिथड़े कपड़े, मिट्टी के ढेले, कंकड़-पत्थर? भाभी तो कहती थी इस थैले में नए कपड़े, रुपये-पैसे और खाने की चीजें हैं।'' ननद समझ गई कि सारी चालाकी उसकी भाभी की है। भैया तो बाजार से नए कपड़े लाए थे। मेरे तो भाग्य में ही दरिद्री लिखी है। वह मन ही मन में भुनभुनाकर रह गई।

''मां जोरो से भूख लगी है।'' बच्चे भूख के मारे तड़पने लगे। पर देती कहां से? वहां तो थैले में कंकड़-पत्थर व मिट्टी के ढेले थे। वह बच्चों को नदी के पास ले गई और उन्हें पानी पिला खुद भी पानी पी लिया।

नदी पार करते समय उसकी नजर एक मरे सांप पर पड़ी। उसने सोचा क्यों न इस सांप को दोनों बच्चों को खिलाकर मैं खुद खा लूं और मर जाऊं। गरीबी में जीने का कोई लाभ नहीं है इससे तो मर जाना ही अच्छा। गरीबों का सब के सब अपमान करते हैं।'' सांप को चुपचाप थैले में डाल लिया।

घर पहुंचकर बच्चे खेलने में मगन हो गए। इधर मां ने सांप को काटकर टुकड़ों को धो लिया और कढ़ाही में डालकर चुल्हे पर रख दिया। बच्चे समझ गए कि मां खाना बना रही है। वह भीतर ही भीतर बहुत दुखी थी। पर आज उसके पास कोई उपाय नहीं था। सिवाय विषैले सांप को खाकर मरने के।

बच्चे बार-बार मां के कंधे पर सिर रखते और कहते, ''मां जल्दी खाने को दो, बहुत जोरों की भूख लगी है।'' इसी बात को कई बार सुनकर वह तंग आ गई थी। गुस्से से भरकर कढ़ाही उठाई और आंगन में पटक दी। झल्लाकर कहा, ''तुम्हीं लोग दरिद्री लेकर पैदा हुए हो, जाओ उठाकर खा लो।''

कढ़ाही मिट्टी की बनी थी। टूटकर चूर-चूर हो गई। बच्चो की नजर उन चमकते हुए टुकड़ों पर पड़ी जो आंगन में बिखरे पड़े थे। मां के पास लाकर दिखाने लगे, ''देखो मां। यह

तो सोना है।'' उसने पास जाकर देखा। उसकी आंखें चौंधिया गई। वह अचरज में पड़ गई। ''धन्य हो लक्ष्मी मां! आज मैं क्या सोच बैठी थी? तुमने मुझे उबार लिया।''

सभी टुकड़ों को बच्चों ने उठाया और मां की झोली में डाल दिया। उसने उनको एक छोटे संदूक में रख दिया। इस बीच उसका पति भी आ गया। तब उसने टुकड़ों को दिखाते हुए कहा, ''देखों तो आज लक्ष्मी मां हम पर खुश हो गई है।'' सोने के टुकड़े को देखा तो वह भी अचंभित हुआ। ''कहीं भाई के घर से चोरी तो नहीं कर ली?'' उसके पति ने पूछा। ''क्या मैंने कभी चोरी की है?'' उसने तपाक से कहा। ''विश्वास नहीं तो बच्चों से पूछ लो।''

फिर धीरे से सारी घटना वह अपने पति को सुनाने लगी। तब जाकर उसे भरोसा हुआ। अब उसके दिन फिर गए। जरूरत के अनुसार सोने के टुकड़े बेचती और घर का सामान ले आती। गरीबी दूर भागी और घर में लक्ष्मी का वास हो गया।

उधर उसकी भाभी को ननद के अमीर होने की खबर लगी। वह मन ही मन जल भुन गई। अपने पति से कहने लगी, ''तुम्हारी बहन जब हमारे घर आई थी, तो बहुत-सा रुपया-पैसा और सोना-चांदी चुराकर ले गई थी। अब वह उसी को खर्च कर रही है। नहीं तो उसका तो हाल ही खराब था।''

''नहीं! मेरी बहन चोरी नहीं कर सकती। उसकी आदतें ऐसी नहीं है।'' भाई ने पत्नी को डांटते हुए कहा ''विश्वास करो न करो। जो सच है मैंने बता दिया।'' पत्नी कहकर भीतर चली गई।

भाई के मन पर पत्नी की बातों का थोड़ा असर हो गया। उसने बहन को जान से मारने की सोच ली। झटपट तैयार हुआ लुहार के घर चला गया। उससे नई तलवार बनवा ली। फिर सीधे बहन के गांव की राह पकड़ ली।

बहन भाई को आते देखकर बहुत खुश हुई। भाई को भीतर बुला लिया। हाथ-पैर धोने के लिए लोटे में पानी दिया। पर भाई चुपचाप बैठा रहा। घर की चकाचौंध, झकमक कपड़े, गहनों को फटी-फटी आंखों से निहारता रहा। वह बहन को मारने के लिए मौका देख रहा था। भांजे बार-बार ''मामा-मामा'' कहकर पास आ जाते थे। दिन भर उसे कुछ करते नहीं बना। ''रात को मारते बनेगा।'' सोचकर उसने खाना खाया और सो गया।

रात हुई। बहन ने अपने बच्चों, पति व भाई सभी के लिए खाना परोस दिया। भाई ने भी चुपचाप खाना खाया और लेट गया। किसी से बातचीत नहीं की।

सब लोग सो गए, तब भाई मैदान जाने के बहाने लोटे में पानी लेकर निकल गया। गांव के बाहर लोटा रखकर बैठ गया।

थोड़ी देर में सबके घरों के दीपक मैदान में जमा होने लगे। काफी देर हो गई थी। पर बहन के घर का दीपक अभी तक नहीं आया था। उनमें बातचीत होने लगी कि, ''फलां घर का दीपक कैसे नहीं आया?''

तब पड़ोस वाला दीपक बोला, ''उसका भाई आया है और बहन को आज रात जान से मारने वाला है। भाई घर से बाहर है। दीपक अभी घर में जल रहा है। तब यहां कैसे आएगा?''

सभी अचरज में पड़ गए। ''वह तो बहुत भली औरत है। उस पर लक्ष्मी जी की बड़ी कृपा है। पर उसका भाई उसे क्यों मारना चाहता हैं?'' एक दीपक ने पूछा।

उसमें से एक दीपक सारी बात बताने लगा, ''एक दिन बहन भाई के घर गई। उसकी भाभी ने चिथड़े कपड़े, कंकड़-पत्थर थैले में भरकर दे दिए। घर में कुछ न रहने पर मरे सांप को कढ़ाई में पकाने लगी। कढ़ाई आंगन में पटकने पर सोने के टुकड़े निकले। फिर वह धनवान हो गई।''

दीपकों की बात भाई बैठे-बैठे सुन रहा था। वह बोल उठा, ''हे भगवान! तुमने मुझे पाप से बचा लिया। नहीं तो आज मैं बहन को मार डालता।'' उसे अपनी पत्नी पर बहुत गुस्सा आ गया। चुपचाप बहन के घर की ओर गया। मन ही मन दीपकों को धन्यवाद दिया।

दूसरे दिन वह सुबह उठा और बहन, भांजों व उसके पति से खूब बातचीत की। दोपहर के बाद अपने घर के लिए रवाना हो गया। बहन ने थैले में सोने-चांदी के टुकड़े व कपड़े-लत्ते दे दिए।

घर पहुंच कर भाई ने पत्नी को खूब डांटा-फटकारा, ''यदि दीपकों में बातचीत नहीं होती तो मेरे हाथों बहन की हत्या हो जाती।'' उसकी पत्नी ने अपनी गलती कबूल ली। ननद के भेजे कपड़े-लत्ते व सोने-चांदी को संभाल कर रखा।

अब भाई और बहन-दोनों का परिवार सुख से रहने लगा।

■

स्वार्थ का फल

बहुत दिनों पहले की बात हैं। एक गांव में ऊंट और एक सियार साथ-साथ रहते थे। पर उनमें कोई गहरी दोस्ती नहीं थी। वे केवल पड़ोसी की भांति ही रहा करते थे। उस गांव के पास ही एक नदी बहती थी। नदी की दूसरी ओर की रेतीली जमीन में उस समय खरबूजे की खेती होती थी। यह बात सियार को मालूम थी। उसका मन प्रतिदिन खरबूज खाने के लिए ललचाता था। उसकी जीभ से लार टपकने लगती थी। लेकिन वह बेबस था। नदी पार करना उसके बूते की बात नहीं थी। नदीं में भरपूर पानी था।

सियार बड़ा चालाक था। एक दिन उसके दिमाग में यह विचार आया कि वह ऊंट की पीठ पर बैठकर नदी पार कर सकता है। इस विचार के सूझते ही वह ऊंट के पास जा पहुंचा, ''ऊंट दादा! यदि बुरा न मानो तो एक बात कहूं?'' सियार ने पूछा।

ऊंट को तो सियार की चालाकी मालूम नहीं थी। उसने झट से हां कर दी। उसने कहा, ''एक क्या? कई बात कहो।''

तब सियार कहने लगा, ''ऊंट दादा! नदी के उस पार के खेतों में खरबूजे की अच्छी फसल लगी है। मुझे यह बात अच्छी तरह मालूम है। यदि तुम चाहो तो हमें खूब मीठे-मीठे खरबूजे खाने को मिलेंगे।''

इसमें मेरे चाहने न चाहने की क्या बात है? ऊंट ने पूछा।

तब सियार भोली सूरत बनाकर बातें बनाने लगा ''दादा! तुम्हें पता ही है मैं ठहरा कमजोर, नदी पार नहीं कर सकता। यदि तुम चाहो तो मुझे अपनी पीठ पर बैठाकर नदी पार करा सकते हो। फिर तो मजे ही मजे रहेंगे।''

सियार की बात सुनकर ऊंट ने हामी भर दी। दोनों ने फैसला किया कि आधी रात को नदी पार की जाएगी। आधी रात वे दोनों नदी के किनारे पहुंचे। सियार ऊंट की पीठ पर बैठा और ऊंट ने नदी पार कर ली।

इसके बाद वे खेतों में पहुंचे। खेतों में पहुंचकर सियार ने फुसफुसाते हुए कहा, ''ऊंट दादा! खूब खाओ, खरबूजे किंतु आवाज न हो। नहीं तो खेत का मालिक जाग जाएगा और हमारी जमकर पिटाई कर देगा।''

दोनों चुपचाप खरबूजे खाने लगे। सियार ठहरा छोटे पेट वाला। उसका पेट जल्दी भर गया। वह कहने लगा, ''मुझे अब हुआंस आ रही हैं। मैं तो हुआं-हुआं करूंगा।'' तब ऊंट ने कहा, ''थोड़ी देर रुक जाओ भैया! कम से कम दस मिनट और तब मेरा पेट भी भर जाएगा।''

लेकिन सियार था स्वार्थी कब मानने वाला था। वह जोर-जोर से हुआं-हुआं करने लगा। सियार की इस हुआंस से खेत के मचान पर सोये मालिक की नींद टूट गई। अपने खेत में ऊंट को खरबूजा खाते देखकर किसान क्रोधित हो उठा। उसने लाठी उठाई और ऊंट पर भिड़ पड़ा। सियार छोटा और फुरतीला था। वह दौड़कर एक झोपड़ी में छुप गया।

अपनी फसल की तबाही का बदला उस किसान ने ऊंट की जोरदार पिटाई करके लिया। उसने ऊंट की इतनी पिटाई की कि उसकी पीठ जगह-जगह छिल गई थी। पीठ से खून निकलने लगा। वह नदी की ओर भाग चला।

ऊंट जब नदी के किनारे पहुंचा तो वहां पर पहले से ही आया सियार मिला। सियार को देखकर ऊंट की आंखों में खून उतर आया। फिर भी वह शान्त ही रहा।

उसकी पीठ से खून निकलता देखकर सियार ने चापलूसी करनी शुरू कर दी, ''बड़ा बेरहम है वह किसान। उसने कैसी गति कर दी है आपकी?'' ऊंट कुछ नहीं बोला और नदी में उतर गया। उसके उतरते ही सियार फुरती से उसकी पीठ पर चढ़ गया। ऊंट चुप ही रहा।

तैरते-तैरते नदी के ठीक बीच में पहुंचकर ऊंट कहने लगा, ''सियार भाई! अब तो मुझे इस नदी में लोटने की इच्छा हो रही हैं।'' ''क्या?'' ऊंट की बात सुनकर सियार का मुंह खुला का खुला रह गया। वह गिड़गिड़ाने लगा ''दादा मैं तो डूब जाऊंगा। ऐसा करो पहले मुझे नदी पार करा दो फिर लोटते रहना।''

ऊंट ने कहा, ''कौन किसकी परवाह करता है भाई! मेरे कहने पर तुम्हारी हुआंस नहीं रुक सकी तो तेरे कहने पर मेरी लोटास कहां रुक सकती है?'' इतना कहने के बाद ऊंट नदी में उलट-पुलट कर लोटने लगा। इस लोटम-पोट में सियार चिल्लाते हुए नदी की तेज धारा में गिर पड़ा। नदी के तेज बहाव में जब सियार डूब गया, तब ऊंट नदी पार करके अपने गांव पहुंच गया।

दोस्तो! स्वार्थी लोगों का यही हाल होता है जैसे सियार का हुआ। अत: हमें स्वार्थपन को त्याग देना चाहिए।

■

सच्चा धन

बहुत पुरानी बात हैं। एक गांव में तीन मित्र रहते थे। उनमें गहरी मित्रता थी। जहां जाते तीनों एक साथ जाते। उनकी मित्रता की चर्चा दूर-दूर तक फैली थी। उनकी मित्रता दिन पर दिन बढ़ती जा रही थी।

एक दिन की बात है। तीनों ने सोचा, क्यों न किसी शहर में जाएं और खूब पैसा कमाएं? इस बात पर तीनों सहमत हुए और दूसरे दिन जरूरी सामान लेकर शहर की ओर निकल पड़े।

दिन भर चलने के बाद शाम होते-होते जंगल के पास पहुंचे। जंगल बहुत घना था। घर से लिया खाना दोपहर को खा चुके थे। बचा-खुचा खाना रात को खाया और सोने की तैयारी करने लगे। तीनों पेड़ की नीचे सो गए।

थोड़ी देर में जंगली पशुओं की आवाजें सुनाई देने लगीं। तीनों डर के मारे कांपने लगे। कुछ न सूझ रहा था। एक ने उपाय बताया, ''क्यों न पेड़-पौधों की पत्तियों को शरीर पर ढक लिया जाए?'' सभी ने पेड़ों की पत्तियां तोड़ी और अपने-अपने शरीर पर ढक कर सो गए।

कुछ ही देर हुई थी। रात घुप अंधेरी थी। कुछ दिखाई नहीं पड़ रहा था। तभी पेड़ से एक सिक्का टप से नीचे गिरा। जिसके ऊपर गिरा वह हड़बड़ा कर उठ बैठा। सबको जगाया और बोला, ''चलो ढूंढों ऊपर से कुछ गिरा है।''

तीनों खोजने लगे। तभी एक के हाथों सोने का सिक्का लगा। सबके सब उसे देखने लगे। वह सोने का सिक्का निकला। फिर सबने सिर उठाकर पेड़ की ओर ध्यान से देखा। पेड़ सोने के सिक्कों से जगमगा रहा था। सभी अचरज में पड़ गए। अरे! यह तो सोने के सिक्के फलने वाला पेड़ है।

चलो अभी तो सो जाओ। सुबह उठकर सिक्कों को तोड़कर आपस में बांट लेंगे। यहीं से घर वापस लौट जायेंगे। कहकर सभी सो गए।

सुबह होने पर सबको जोरों की भूख लगने लगी। पास में खाने की वस्तु नहीं थी। एक मित्र पास के गांव में खाने-पीने की व्यवस्था करने के लिए निकला। वह रास्ते में सोचता रहा कैसे मैं अकेले सारे सिक्के तोड़कर मालामाल हो जाऊं?

उसने खाने की सामग्री खरीदी। थोड़ा-सा जहर भी खरीदा और खाने की सामग्रियों में मिला दिया। वापस जंगल की ओर चल पड़ा।

इधर पेड़ के पास बैठे दोनों मित्रों ने सोचा 'क्यों न पहले वाले मित्र को मार कर पूरा सोना दोनों मित्रों में बांट लिया जाए?' एक मित्र पेड़ पर चढ़कर सिक्कों को तोड़-तोड़ कर नीचे गिराता। दूसरा मित्र उसे उठा-उठा कर एक जगह एकत्र करने लगा।

सभी सिक्कों को एक पोटली में बांधकर रख लिया। फिर दोनों मिलकर पहले वाले मित्र को मारने की योजना बनाने लगे। उन्होंने सोचा यदि उसे किसी तरह से मार डालें तो सिक्कों को केवल दोनों में ही बराबर बांटना होगा।

एक मित्र दौड़ा-दौड़ा पास के गांव में गया। वहां से एक कुल्हाड़ी मांग लाया। फिर दोनों पहले वाले मित्र की राह देखने लगे। इधर, भूख से दोनों व्याकुल हुए जा रहे थे। साथ में सिक्कों को बांटने के लिए उतावले हो रहे थे।

इधर पहले वाला मित्र खाना लेकर आया। एक मित्र कुल्हाड़ी लेकर छिप गया। पेड़ के पास पहुंचकर वह खाना रखने के लिए झुका। तभी खचाक से उसका सिर कुल्हाड़ी से काट दिया। उसका सिर धड़ से अलग हो गया।

दोनों मित्रों का कलेजा ठंडा हुआ। झटपट दोनों ने लाश को ठिकाने लगाया। पास ही नदी में हाथ-पैर धोए। खाना खाने बैठ गए। भूख के मारे दोनों का जी कुलबुला रहा था। सो गटागट खाने लगे। दो-चार निवाला ही खा पाए थे कि उनको बेहोशी आने लगी।

दोनों कुछ देर तक छटपटाते रहे। अंत में जहरीला खाना खाने से दोनों की मौत हो गई। दोनों का मुख एक-दूसरे के पास पड़ा रहा। खाना वहीं बिखर गया। सिक्कों की पोटली पास में ही पड़ी रही।

कुछ दिन बाद वहां से एक साधु गुजरा। पशु-पक्षियों, गिद्धों की आवाज सुनकर वह पेड़ के पास गया। तीनों की लाश देखकर उसे एकाएक कुछ समझ में नहीं आया। पर पास में रखे खाने के खाली कटोरे ने घटना का भेद खोला। कुछ पशु-पक्षी खाना खाने के कारण मर गए थे। फिर पास में पड़ी पोटली को उठाया, खोलकर देखा तो साधु की आंखे भी चौंधिया गईं, "अरे! इसमें तो सोने के सिक्के हैं।"

आसपास नजर दौड़ाई। ऊपर देखा तो पेड़ पर सोने के सिक्के लटके थे। यह सब देखकर साधु को पूरी घटना समझ में आ गई। लालच अंधा होता है। जो मित्र तो क्या सगे-संबंधियों को भी धोखा देने पर मजबूर कर देता है? धन के लालच में इन लोगों ने अपना मित्र और सच्चा धन खो दिया हैं।

■

चार चुहिया

बहुत पहले की बात हैं। गांव में अन्य पशु-पक्षियों के साथ चूहों का परिवार भी रहता था। उसमें एक चूहे की चार चुहिया थी। वह अपने परिवार के साथ सुखपूर्वक रहता था।

एक दिन चूहा गांव से बाहर निकला। जंगल की ओर चल पड़ा। वहां पेड़ पर कौआ बैठा था। चूहा उसी पेड़ के पास गया। तभी कौआ बोल पड़ा "चूहे भैया! जरा ऊपर देखो। मैं कौआ हूं। तुमसे दोस्ती करना चाहता हूं।"

चूहा थोड़ी देर चुप रहा। मन ही मन सोचने लगा कहीं कोई धोखेबाजी न करें। फिर थोड़ी हिम्मत करके बोला, "भैया कौए! दोस्ती तो हो सकती है। पर तुम पेड़ पर ज्यादा बैठते हो और मैं पेड़ पर चढ़ नहीं सकता। फिर दोस्ती निभेगी कैसे?"

"अरे भैया चूहे! जब-जब बातचीत करनी होगी। तब-तब मैं नीचे बैठ जाऊंगा। मुझे कोई तकलीफ नहीं होगी।" कौए ने चोंच मटकाते हुए कहा "ठीक है भैया! हम लोग ऐसे ही रोज मिल-बैठकर सुख-दुख की बातें करेंगे।" कहकर चूहा गांव की ओर लौट गया।

शाम हो चुकी थी। चारों चुहिया अपने चूहे की राह देख रही थीं। चूहा पहुंचा तो चारों एक-एक कर पूछने लगी, "इतनी देर तक कहां चले गए थे?" तब चूहे ने कहा, "गांव के बाहर जंगल चला गया था। वहां एक कौए से मेरी मित्रता हो गई है। उसकी पास देर तक बातचीत करता रहा।"

"चलो खाना खाओ और आराम करो।" एक चुहिया ने कहा। दूसरी खाट लगाने लगी। तीसरी बर्तन मांजने लगी। चौथी घर का सामान जमाकर रखने लगी।

दूसरे दिन फिर चूहा गांव के बाहर जंगल की ओर जाने लगा। तभी बड़ी चुहिया ने पूछा, "कहां जा रहे हो? वापस जल्दी आना?"

दूसरी चुहिया ने कहा, "मित्र कौए को भी साथ में लाना। हम लोग भी उसे पहचानेगें।"

"ठीक हैं। उसे यहां ले आऊंगा।" कहकर चूहा जंगल की ओर चल पड़ा। वहां कौआ उसी पेड़ पर बैठा मिला। चूहे को देखते ही कौआ कांव-कांव करने लगा।

जैसे ही चूहा पेड़ के पास आया। कौआ झट से जमीन पर आकर बैठ गया। दोनों बातचीत करने लगे। चूहा अपने घर की व कौआ अपने परिवार के बारे में बताने लगा।

''चलो भैया! कहीं दूर तक घूम कर आते हैं। यहीं रहते-रहते मेरा मन भर गया है।'' कौए ने कहा। ''ठीक है मित्र! पर मुझे अपने घर में बताकर आना होगा। फिर तुमसे मेरी चुहिया बातचीत भी करना चाहती हैं।''

''ऐसी बात है तो मैं अवश्य चलूंगा।'' कहकर कौआ तुरंत घर चलने को तैयार हो गया। दोनों गांव की ओर निकल पड़े। कौआ रुक-रुक कर उड़ता और चूहा खुदबुद-खुदबुद करके दौड़ता। कुछ देर में दोनों बिल के पास पहुंच गए। वहां चारों चुहिया मुंह बाहर निकाले चूहे व मित्र कौए की राह देख रही थीं।

कौए को देखकर चुहिया थोड़ा डर भी गई। पर थोड़ी देर बातचीत करने के बाद सब कुछ सामान्य हो गया।

चुहिया ने दोनों को खाना परोसा। दोनों कुछ देर आराम करने लगे। जैसे-तैसे शाम हो गई। चूहे ने कहा ''मित्र कौए! आज तो शाम हो गई। खाना खाकर आराम करते हैं। कल सुबह से दूर की यात्रा पर जाएंगे।''

चूहे की बात से कौआ सहमत हो गया। दोनों खाना खाकर आराम करने लगे। सुबह होते ही चूहे ने चुहियों को आवाज दी। चारों चुहिया एक साथ बिल से बाहर आ गई। तब चूहे ने कहा ''मैं अपने मित्र कौए के साथ कुछ दिनों की यात्रा पर जा रहा हूं। तुम सब लोग मिल-जुलकर रहना। किसी तरह की लड़ाई-झगड़ा न करना।''

बड़ी चुहिया न कहा, ''तुम्हारे बिना हम लोग सुरक्षित नहीं रह पायेंगे। जाने की इच्छा है तो जाओ पर जल्दी लौट आना।'' फिर तीनों चुहिया भी कहने लगी ''जल्दी लौट आना।''

''देखो आंगन में यह तुलसी का पौधा है। यह जब तक हरा-भरा रहे तब तक समझना मैं जीवित हूं। यदि सूख जाए तभी समझ लेना कि मैं किसी मुसीबत में हूं या मर गया।'' चूहे ने कहा। इतना कहकर दोनों वहां से चल पड़े। चारों चुहिया बहुत दूर तक दोनों को देखती रहीं। फिर दोनों नजरों से ओझल हो गए।

कौआ और चूहा दोनों गांव से दूर जंगल की ओर जाने लगे। कुछ देर जाने के बाद वे एक जंगल में सुस्ताने लगे। तभी कौए ने कहा ''भैया चूहे! क्या चारों चुहिया तुम्हें बहुत चाहती हैं? तुम्हारा हर कहना मानती हैं?''

''इसमें क्यों शक है? चारों मेरी बात को अच्छी तरह मानती हैं? सभी मुझे बहुत चाहती हैं।'' चूहे ने कहा। पर कौए की बात ने चूहे को उलझन में डाल दिया।

दोनों फिर आगे बढ़े। रास्ते में जो भी कंद–मूल, फल मिलता उसे अपनी रूचि के अनुसार खाते। जहां मन लगता रुक जाते। आराम करने लगते। रात होने पर वहीं रुक जाते और अगली सुबह फिर निकल पड़ते।

चूहे के मन में आया 'कौए की बात सच भी हो। पता नहीं चारों चुहिया मुझे चाहती हैं या नहीं? इस बात को जानना है।' उसने कौए से कहा "भैया तुम गांव वापस जाओ और चुहियों को मेरे मर जाने की खबर दे दो।"

"नहीं भैया! ऐसी झूठी खबर देना ठीक नहीं होगा।" कौए ने चूहे को समझाते हुए कहा। पर वह मानने वाला नहीं था। "तुम कुछ चिंता मत करों। मैं जैसा कह रहा हूं वैसा करो।" चूहे ने कहा।

कौआ सुबह गांव की ओर उड़ चला। इधर चारों चुहिया चिंता कर रही थीं कि चूहा कैसा होगा? क्या खाता होगा? कहां सोता होगा। तभी कौए पर उनकी नजर पड़ी। बड़ी चुहिया ने पूछा, "कैसे हो भैया! हमारे चूहे राजा कहां हैं?"

कौआ कुछ देर चुप रहा। वह उदास दिखाई पड़ रहा था। चुहिया ने पूछा "चुप क्यों हो भैया! क्या बात है? साफ–साफ क्यों नहीं कहते?"

"क्या बताऊं बहनों! बड़ी बुरी खबर है।" कौए ने उदास मन से कहा।

"कैसी बुरी खबर? जल्दी बताओ। देर न करो। कहीं कुछ हो तो नहीं गया, हमारे चूहे राजा को?" चारों चुहिया पूछने लगीं।

"हम लोग जंगल की ओर जा रहे थे कि एक चील चूहे को अपने पंजों में दबाकर उड़ गई। मैंने चील का बहुत पीछा किया। पर वह उड़ने में मुझ से तेज थी। चूहे को मैं नहीं छुड़ा पाया।" कौए ने उदास मन से कहा।

"हाय! हमारा चूहा राजा मर गया।" कहकर सबके सब रोने लगी। कौआ तमाशा देखता रहा। बड़ी चुहिया को चूहे की बात याद आई। वह आंगन में जाकर तुलसी के पौधे को देखने लगी। 'पौधा हरा–भरा था। यानी चूहा ठीक–ठाक होगा?' ऐसा सोचने लगी।

उसने तीनों चुहियों से कहा, "सुनो बहनों रोवा–राही मत करो। तुलसी का पौधा रहा–भरा है। चूहा जरूर जीवित होगा। ये कौआ ही झूठ बोल रहा होगा?"

बड़ी चुहिया की बात पर किसी ने ध्यान नहीं दिया। सबकी सब रोने लगी, "मैं क्या बताऊं राजा? मैं क्या करूं राजा? तुम जिंदा रहते राजा, मैं खाना खिलाती राजा।" दूसरी की देखा–देखी करके तीसरी चुहिया भी रोने लगी, "मैं क्या बताऊं राजा, मैं क्या करूं राजा? तुम जिंदा रहते राजा, मैं पांव दबाती राजा।"

चुहियों को कौआ चुप कराता पर कोई उसकी बात नहीं सुन रही थी। बड़ी चुहिया सच्चाई जानने की चिंता में थी। पर वह अकेली कुछ नहीं कर पा रही थी।

उसने कहा, ''रोना बंद करो। चलो चूहे राजा को ढूंढते हैं।'' इस पर तीनों ने जवाब दे दिया, ''हम कहीं नही जाते। एक चूहा मरा तो क्या हुआ? तभी चूहा वहां आ धमका। वह तीनों चुहियों की बात सुन चुका था। चीखकर कहा, ''तीनों छोटी चुहिया भाग जाओ। केवल बड़ी चुहिया ही मेरे साथ रहेगी। वही मेरे वचनों का पालन कर सकी।''

तीनों चुहियों ने बहुत माफी मांगी। पर चूहा उन्हें माफ नहीं करना चाहता था। तब कौए ने सारी बातें साफ-साफ बता दी। फिर चारों चूहा-चुहिया खुशी से रहने लगे। कौए से उसकी मित्रता भी अच्छी तरह से निभने लगी।

■

बंदर और बनिया

एक बनिया था। वह गांव-गांव जाकर मिर्ची बेचता था। एक दिन वह मिर्ची बेचने के लिए अपने घोड़े पर सवार होकर निकला। कुछ दूर जाने के बाद जंगल आया। घोड़ा रोककर थोड़ा आराम करने लगा। तभी एक बंदर पेड़ से उतर कर आया और बनिया के पास बैठ गया। बंदर ने कहा, ''मुझे भी घोड़े पर बैठाकर ले चलो, नहीं तो नोंच-खरोंच दूंगा।''

बंदर की बात से बनिया हैरान हो गया। पर क्या करता? उसे बैठा लिया। घोड़ा सरपट दौड़ने लगा। थोड़ी देर बाद बनिया को भूख लगी। उसने कहा, ''जा रे बंदर! पेड़ से कुछ फल-फूल ले आ, दोनों खाएंगे। बड़ी भूख लगी है।''

बंदर घोड़े से कूदा और उछलकर पेड़ पर चढ़ गया। उस पेड़ पर एक किसान ने चनादाल की पोटली बांध रखी थी और पास ही खेत में काम कर रहा था। उस पोटली को बंदर ने खोला और ले आया।

दोनों फिर घोड़े पर बैठे और चलने लगे। पोटली की चनादाल को दोनों खाने लगे। अब बंदर को प्यास लगी। उसने बनिया से कहा, ''मुझे प्यास लगी है। पानी लाओ नहीं तो नोच-खरोंच दूंगा।''

बनिया फिर परेशान हो गया। अब पानी कहां से लाए? तभी सात राऊताइन पानी का घड़ा लेकर आती दिखीं। बंदर ने कहा, ''वो देख सात राऊताईन पानी लेकर आ रही हैं। उनसे पानी खरीद, नहीं तो नोच-खरोंच दूंगा।''

बनिया ने सातों घड़े पानी खरीद लिया। पानी पिया और घड़ों को बोरे में रख लिया। घोड़ा सरपट दौड़ने लगा। तभी बंदर को मूसल वाला दिखाई दिया। उसने बनिए से कहा, ''मूसल खरीद दो नहीं तो नोच-खरोंच डालूंगा।'' बंदर की बात सुनकर मूसलवाला मूसल छोड़कर भाग गया।

बनिया ने मूसल उठाया और रख लिया। बंदर उसे पकड़कर बैठ गया। थोड़ी दूर चलने के बाद एक गांव आया। वहां एक आदमी रस्सी बेच रहा था। बंदर ने फिर बनिए से कहा, ''रस्सी खरीद दो, नहीं तो तुम्हें नोच-खरोंच दूंगा।''

डर के मारे बनिए ने रस्सी भी खरीद ली। घोड़ा फिर सरपट दौड़ा। थोड़ी देर बाद वे दूसरे गांव में पहुंचे। वहां एक आदमी ढोलक बेच रहा था। देखकर बंदर ने बनिए से कहा, ''ढोलक खरीदो, नहीं तो तुम्हें नोच-खरोंच दूंगा।''

बंदर की बात सुनकर ढोलक बेचने वाला सकपका गया। वह ढोलक छोड़कर भाग गया। बंदर ने ढोलक उठाई और घोड़े पर सवार हो गया। घोड़ा सरपट दौड़ने लगा। थोड़ी दूर जाने के बाद शाम हो गई। आगे घना जंगल था। रात होने लगी।

तभी बनिए की नजर टिमटिमाते दीये पर पड़ी। उसने कहा, ''लगता है आगे बस्ती है। वहीं चलकर किसी के घर पर रात को आराम करेंगे।'' बंदर ने कहा, ''ऐसा करना ठीक रहेगा। सुबह आगे बढ़ जाएंगे।'' दोनों उस झोपड़ी के पास गए जहां दीया जल रहा था। घोड़ा रुका, बनिया और बंदर दोनों उतरे। झोपड़ी में एक औरत थी। बंदर ने उससे कहा, ''हमें यहां रुकने दो, नहीं तो तुझे नोच डालूंगा।'' बंदर की बात सुनकर वह और भी डर गई।

उसने कहा, ''नोचो चाहे खरोंचो यहां तुम लोगों का रुकना ठीक नहीं हैं।'' बंदर ने पूछा, ''क्यों ठीक नहीं है?'' ''यहां रोज बाघ आता है और सुबह होते ही चला जाता हैं।'' औरत ने कहा।

औरत की बात पर बनिए को विश्वास न हुआ। बंदर को भी औरत की बात सच नहीं लगी। बंदर ने कहा, ''कोई बात नहीं हम बाघ से निपट लेंगे। उसका हमें कोई डर नहीं हैं?''

अब औरत के पास कोई बहाना नहीं रह गया। उसने कहा, ''ठीक है। एक रात की बात है तो रुक जाओ। पर कोई गड़बड़ न करना। जाओ दोनों इस कमरे के ऊपर चढ़कर छिप जाओ।'' उस औरत ने कहा।

बनिए ने घोड़े को पास ही एक पेड़ से बांध दिया। बंदर झट से लपककर कमरे की पटाव पर चढ़ गया। बनिए ने एक-एक कर मटकी ऊपर मंगवा ली। बनिया भी पटाव पर चढ़ गया।

थोड़ी देर बाद बाघ झोपड़ी में आया और गुर्राया, ''कैसे आज इस झोपड़ी में मनुष्य की गंध आ रही है?'' औरत ने कहा, ''यहां कोई मनुष्य नहीं है। मेरी गंध ही आ रही होगी।'' बाघ खाना खाकर सोने लगा तभी बंदर को जोरों से प्यास लगी। उसने मटकी को झुकाया तो पानी छलक कर गिर गया। बाघ हड़बड़ा गया, ''कहां से पानी गिरा है?''

बनिया घबरा गया। उसने सोचा यह औरत अब बंदर की शैतानी के कारण जान जाएगी।

औरत ने कहा, "मैंने ही एक मटकी पानी पटाव पर रखा है, जिसे बिल्ली के बच्चे पीते हैं। उसी मटकी से पानी गिरा है।"

तभी बंदर ने मल कर दिया। वह सीधे बाघ के मुंह पर गिरा। बाघ तिलमिला उठा, "ये क्या हो रहा है? यह तो किसी का मल है?" "अरे! यहां कहां से मल आएगा? यह तो गोबर है जो झोपड़ी को लीपने के लिए रखा है। वही गिरा होगा।" औरत ने कहा।

बाघ और तिलमिला गया। दहाड़ कर पूछा, "कौन हे रे! जरा बाहर तो निकलो। रात को चैन से सोने नहीं दे रहा है? ढम-ढम बाजा बजा रहा है?" बंदर बाजा बजाने लगा था।

बनिया डर के मारे एक कोने में छिप गया। पर बंदर को और भी शैतानी सूझी। उसने पूछा, "तुम कौन हो?"

"मैं जंगल का राजा हूं।" बाघ ने कहा और पूछा, "तुम कौन हो?" "मैं उसका बड़ा बाप हूं।" बंदर ने कहा। "अपनी पहचान का चिह्न दिखाओ।" बाघ ने गुस्से से कहा।

बंदर ने झट से मूसल उठाया और दिखाया, "मेरी पहचान का चिह्न।"

"तेरी पूछ कितनी लंबी?" बाघ ने अपनी पूछ उठाकर पूछा।

"इतनी लंबी।" कहकर बंदर रस्सी को नीचे छोड़ते गया।

लंबी रस्सी को पूंछ समझकर बाघ घबरा गया। उसने सोचा कि यह कोई बड़ा व विचित्र जानवर है। ऐसा मैंने आज तक नहीं देखा। बाघ डर के मारे झोपड़ी से भाग गया।

बनिया और बंदर नीचे उतरे और आराम से खाट पर बैठ गए। तब बंदर ने औरत से कहा, "तुम यहां बाघ के साथ मत रहो। नहीं तो ये तुम्हें कभी न कभी खा जाएगा।"

"अब खाए, चाहे बचाए। उसने मुझे पकड़ रखा था। इसलिए उसके साथ रहती थी।" औरत ने कहा। बंदर बोला, "तुम हमारे साथ चलो। यह बड़ा धनी-मानी बनिया है। इसके घर सुख-चैन से रहना।" बनिए से पूछा, "क्यों बनिया तुम तैयार हो न?" बनिए ने कहा, "हां भाई! मैं तो तैयार हूं। इतने बड़े घर-द्वार को संभालने के लिए मुझे किसी और की तलाश तो थी ही।"

"फिर तो बात बन गई। चलो सभी यहां से चलते हैं। यदि बाघ फिर से आ गया तो हम सबकी खैर नहीं।" बंदर ने कहा।

औरत बनिए के साथ रहने को तैयार हो गई। बंदर भी बनिए के घर रहने लगा। वह बनिए का अच्छा मित्र बन गया। तीनों हंसी-खुशी से रहने लगे।

■

बुद्धु-सुद्धु और सेठ

एक गांव की बात है। वहां एक किसान और उसके चार लड़के रहते थे। वर्षा न होने के कारण गांव में अकाल पड़ गया। किसान ने अपने बेटों से कहा, ''जाओ बेटा शहर, वहां कुछ काम खोज लेना और गुजर-बसर करना।''

पिता की बात मान कर चारों लड़के शहर की ओर चल पड़े। बड़े लड़के का नाम बुद्धु था और छोटों का नाम सुद्धु, रूद्धु और सबसे छोटे का नाम भुद्धु था।

कुछ देर चलने के बाद बुद्धु ने कहा, ''सुद्धु भाई! देखो तो हम चारों भाई हैं कि नहीं? सुद्धु गिनने लगा एक.., दो.., तीन..,। ये क्या? ये तो तीन ही हैं। चौथा कहां गया?'' वह मन ही मन बुदबुदाने लगा।

बुद्धु ने पूछा, ''क्यों सुद्धु! चारों हैं कि नहीं?'' उसने कहा, ''नहीं भैया! तीन हैं। चौथा नहीं हैं।'' बुद्धु परेशान हो गया, ''हम चारों भाई घर से एक साथ निकले थे। चौथा कहां गुम हो गया?'' फिर रूद्धु से कहा, ''देखो भैया रूद्धु! ठीक से गिनो और बताओ चारों भाई हैं कि नहीं?''

उसने गिनना शुरू किया। एक.., दो.., तीन..,। बस तीन ही है। चौथा तो नहीं है। बुद्धु की परेशानी बढ़ गई। अंत में उसने अपने छोटे भाई भुद्धु से कहा, ''तुम गिनो भुद्धु भैया! हम चारों हैं कि नहीं?'' भुद्धु ने भी गिना। एक.., दो.., तीन..,। चौथा नहीं था। उसने कहा, ''बुद्धु भैया! चौथा तो नहीं है?'' बुद्धु परेशान हो गया। चौथा भाई कहां गायब हो गया?

तभी वहां एक सेठ घोड़े पर सवार हो कर आया। उसका नाम करोड़ीमल था। वह पास के नगर का बड़ा सेठ था। चारों को देखकर उसने पूछा, ''क्या बात है? तुम लोग कुछ परेशान दिखाई देते हो?''

बुद्धु ने सोचा, ''चलो इसी से गिनती करा लें।'' उसने कहा, ''हां सेठ जी! हम लोग सच में परेशान हैं।'' सेठ ने पूछा, ''बताओ क्या बात है? हो सकता है मैं कुछ उपाय बता सकूं?''

''सेठ जी! घर से हम चारों भाई काम की तलाश में एक साथ निकले थे। पर एक भाई रास्ते में कहीं गुम हो गया। हम लोग गिनते हैं तो तीन भाई ही मिलते हैं। इसी बात से हम परेशान हैं।'' बुद्धु ने कहा।

सेठ समझ गया। वाकई ये लोग बुद्धु हैं। उसने बुद्धु से सबको गिनने को कहा। बुद्धु ने गिनना शुरू किया—"एक.., दो.., तीन..। ऐसा करके तीन भाइयों को गिना और खुद को छोड़ दिया। फिर एक-एक कर सबको गिनने को कहा। सबने दूसरों को गिना और खुद को छोड़ दिया। इसलिए तीन भाई ही मिलते, चौथा हमेशा छूट जाता।

तब सेठ ने सबको एक सीध में खड़ा किया और गिनना शुरू किया- एक.., दो.., तीन.. और चार। अरे! हम तो चारों के चारों हैं। चारों भाई खुशी के मारे उछल पड़े।

"ये कैसे हुआ सेठ जी! चौथा कहां से आ गया?" बुद्धु ने पूछा।

सेठ ने कहा, "तुम लोग तो सच में बुद्धु हो। तुम लोग तीन भाइयों को गिनते थे और खुद को छोड़ देते थे। मैंने सबको गिना तब चारों मिले।"

सबके चेहरे पर खुशी की लहर दौड़ गई। तब बुद्धु ने कहा, "सेठ जी! एक परेशानी का हल तो हो गया। पर दूसरी समस्या का कुछ हल बताइए।"

सेठ ने कहा, "बताओ दूसरी समस्या क्या है?" बुद्धु ने कहा, "सेठ जी! हमारे गांव में इस बार अकाल पड़ गया है। सो हम लोग काम की तलाश में शहर जा रहे हैं? कहीं कुछ काम हो तो बताओ।"

"चलो फिर तो बात बन गई। मैं भी नौकर खोजने गांव की ओर जा रहा था। तुम चारों मेरे घर चलो। सबको काम दूंगा। खाना, कपड़ा, रहने को कमरा और महीने के अंत में पैसा भी दूंगा।" सेठ ने कहा।

दूसरे दिन सेठ ने बुद्धु को बुलाया और कहा, "सारी बकरियों को चरा कर ले आना।" बुद्धु बकरियों को जंगल की ओर ले गया। शाम को लौटने लगा। बकरियां प्यासी थीं। तालाब को देखकर सभी पानी पीने उतर गई। बकरियों को देखकर मेंढक टर्ट-टर्ट करने लगे।

बुद्धु ने सोचा, "जल देवता बकरियां मांग रहा हैं।" ऐसा सोचकर एक-एक कर सभी बकरियों को तालाब में डूबा दिया।

अकेले बुद्धु को घर लौटते देखकर सेठ ने पूछा "बकरियां कहां है रे बुद्धु!"

"बकरियों को तालाब के देवता ने मांग लिया सेठ जी।" उसने जवाब दिया।

"वाह रे बुद्धु! देवता बकरियों को लेकर क्या करेंगे? सबको तालाब में डूबाकर मार डाला रे!" सेठ ने सिर पकड़ लिया।

अगले दिन सुद्धु को बुलाया और कहा, "अरे सुद्धु जा तो पड़ोसी गांव में घी खरीदा है। उसे लेकर आना।" सुद्धु ने घी वाले का नाम-पता पूछा और चल पड़ा।

गर्मी का दिन था। मटकी में घी लबालब भरा था। सुद्धु उसे सिर पर रख चला आ रहा था। गर्मी के कारण घी पिघल कर छलकने लगा। सुद्धु का सिर-मुंह घी से पुत गया। वह घबरा गया कहीं मटकी के भीतर शैतान तो नहीं घूसा है जो उसके ऊपर टपका रहा है?

उसने मटकी को नीचे उतारा और जमीन पर रख दिया। उसका ढक्कन खोला और अंगुली दिखाई। भीतर से भी अंगुली हिलाने की परछाई दिखाई दी, जिसे सुद्धु ने शैतान की अंगुली समझा। उसने मटकी को उठाकर जोरों से जमीन पर पटक दिया।

सुद्धु को खाली लौटते हुए देखकर सेठ ने पूछा, ''क्यों सुद्धु घी की मटकी कहां है?'' ''उसमें शैतान घुसा था सेठ जी! तो मैंने उसे रास्ते में ही पटक कर मार डाला।'' सुद्धु ने कहा। सेठ माथा पकड़कर बैठ गया। ये भी निरा बुद्धु निकला।

तीसरे दिन रूद्धु को बुलाया और कहा, ''अरे रूद्धु! बैलगाड़ी लेकर जा और पड़ोस के गांव से धान का पैरा खरीदा है। उसे गाड़ी में भर कर ले आना।''

सेठ का आदेश पाकर रूद्धु ने गाड़ी तैयार की और चल पड़ा गांव की ओर। वहां जाकर गाड़ी में पैरा बांधा और वापस चल पड़ा। गांव से बाहर आया। नदी पार कर रहा था। तभी गाड़ी से चर्र..चिर्र की आवाजें आने लगी। रूद्धु घबरा गया। यहां तो राक्षस घुस गया है। ''चलो नदी में मैं तुम्हें दाग दूंगा।'' कहकर आग में पैरा को जला दिया। गाड़ी सहित पूरा पैरा जलकर राख हो गया। बैल को पास के गांव में जाकर बेच दिया।

रूद्धु को खाली आते देखकर सेठ ने पूछा, ''क्यों रे रूद्धु! पैरा कहां हैं?'', ''सेठ जी! उसमें राक्षस घुस गया था। चर्र-चिर्र की आवाज की तो नदी में ही दाग दिया।''

सेठ का सिर चकरा गया। थोड़ी देर बाद उसने पूछा, ''बैल कहां है?'' ''उसे तो गांव में बेच दिया।'' रुद्धु ने कहा और पांच का सिक्का सेठ की ओर उछाल दिया। सेठ हैरान हो गया। यह भी बुद्धु निकला।

शाम को सेठ ने सबसे छोटे भाई भुद्धु को बुलाया और कहा, ''जाओ सेठानी बहुत बीमार है। उसके पास बैठकर मक्खियां भगाना। मक्खियां उसे बहुत परेशान करती हैं।''

भुद्धु ने हाथ में गमछा लिया और सेठानी के कमरे की ओर चल पड़ा। वहां जाकर सेठानी के पलंग के पास बैठ गया। अपने गमछे से मक्खियों को भगाने लगा।

ऐसा करते उसे कई दिन बीत गए। रोज-रोज का वही काम। उसका मन उकता गया। उसने सोचा, ''क्यों न बहुत सारी मक्खियां सेठानी के मुंह पर बैठने दूं? फिर बड़े पत्थर से सबको एक साथ मार दूं। इससे रोज-रोज का झंझट ही खत्म हो जाएगा?''

सेठानी के मुंह पर मक्खियां बैठने लगी। थोड़ी देर में मक्खियों ने पूरे मुंह को ढक लिया। भुद्धु ने देखा कि अब अच्छा मौका है। वह बड़ा सा पत्थर लेकर आया। सेठानी सो रही थी। मक्खियां मुंह हो पूरी तरह ढक चुकी थी। बस... पत्थर उठाया और दे मारा।

''हाय... दइया...! हाय राम! ये क्या किया रे! सेठजी दौड़ो.. बचाओ।'' सेठानी कराह.. कराह.. कर चिल्लाने लगी। जब तक सेठ पास में आता। सेठानी राम को प्यारी हो गई। सेठानी की हालत देखकर सेठ ने सिर पकड़ लिया। ''अरे भुद्धु! तूने तो मेरी सेठानी को ही मार डाला।'' वह सिर धुन कर रह गया।

''चलो क्या देखते हो, मरघट ले जाने की तैयारी करो?'' सेठ ने चारों भाइयों से कहा। चारों ने मिलकर सेठानी को मरघट ले जाने के लिए मचोली तैयार की। उसमें सेठानी को सुलाया और चलने लगे। आगे-आगे सेठ और पीछे-पीछे चारो भाई कंधे पर मचोली थामें चल रहे थे। रास्ते भर हंसी-मजाक करते रहे। सेठानी का शव रास्ते में कहीं गिर गया।

मरघट पहुंचकर चिता बनाने लगे। तैयार हो जाने पर शव को ढूंढा तो वह गायब था। सेठ ने शव को चिता पर रखने को कहा। चारों दौड़े-दौड़े गए। मैदान में एक बुढ़िया को पकड़ लिया। वह चिल्लाती रही... कहां ले जा रहे हो? पर उसकी एक न सुनी। उसको गला दबाकर मार डाला और चिता में ले जाकर सुला दिया और आग लगा दी।

सभी वापस होने लगे। रास्ते में सेठानी का मुरदा पड़ा मिला। सेठ हैरान हो गया। उसने कहा, ''वो कौन बुढ़िया थी जिसको तुम लोग उठाकर लाए थे?'' चारों ने कुछ जवाब नहीं दिया। ''चलो इसे उठाकर चिता में जला आओ।'' कहकर सेठ और चारों फिर मरघट गए। सेठानी को जलाकर वापस लौटे।

कुछ दिन बिताने के बाद सेठ ने चारों को बुलाकर कहा, ''तुम लोग कहीं और जाकर काम देख लो। अब मेरे पास बचा ही क्या है?''

चारों के चारों बुद्धु निकले। वे दूसरी जगह काम की तलाश में निकल पड़े। इसीलिए कहा गया कि सही समझ-बूझ वाले व चतुर व्यक्ति को ही साथ में रखो।

■

किसी का नहीं दोष

बहुत समय पहले की बात है। गांव में अन्य लोगों के साथ एक पंडित भी रहता था। वह बहुत लालची था, पर पढ़ा-लिखा और बड़ा चतुर था। लोग कई तरह की बातें पूछने उसके पास आते। वह कैसे भी उनका काम निपटा देता और दान-दक्षिणा मांग लेता।

एक बार की बात है। गांव के पांच-छह लड़के एक साथ खेलने गए। मैदान नदी के किनारे था। बच्चे खेलने में मगन थे। तभी कहीं से वहां पर एक बिल्ली आ धमकी।

एक बच्चे की नजर उस बिल्ली पर पड़ी। उसने कहा, ''अरे! देखो। वहां पर एक बिल्ली खड़ी है।'' एक ने कहा, ''चलो उसे पकड़ते हैं।'' उसकी बात मानकर सभी बच्चे बिल्ली को दौड़ाने लगे। बिल्ली दुम दबाकर भागने लगी। बिल्ली आगे-आगे और बच्चे उसके पीछे-पीछे भागने लगे।

बिल्ली को कुछ न सूझा। वह भागते-भागते पास की नदी में कूद गई। नदी गहरी थी। बच्चे बिल्ली को निकाल नहीं पाए। वह पानी में डूबकर मर गई। सभी खाली हाथ लौट आए। सबका चेहरा लटका हुआ था कि घर जाकर क्या बताएंगे।

शाम होते-होते सभी अपने-अपने घर की ओर चले। सबको घर पहुंचने में काफी देर हो चुकी थी। सभी की मां अपने बच्चों के इंतजार में दरवाजे पर खड़ी थी। एक-दूसरे को पूछती, ''बच्चे अभी तक घर क्यों नहीं लौटे?''

तभी एक-एक कर सब बच्चे अपने घरों को लौटने लगे। सबके चेहरे पर उदासी झलक रही थी। सब पूछने लगे, ''क्या हो गया तुम लोग इतने उदास क्यों हो?'' कुछ देर चुप रहने के बाद सभी ने सारी बात साफ-साफ बता दी कि उनके हाथों एक बिल्ली की मौत हो गई है। सबके सब बहुत परेशान हुए कि सबको पाप लगेगा। पर किसी को कुछ नहीं सूझ रहा था।

तभी एक महिला ने कहा, ''बहनो! चुपचाप बैठने से कोई काम नही बनेगा। चलो पंडित जी से ही कोई उपाय पूछते हैं।'' सबको उस महिला की बात पसंद आई। सभी उस पंडित के पास गए।

रोज की तरह पंडित जी अपनी पोथी-पुस्तक पर आंख गड़ाए बैठे थे। तभी सभी ने एक साथ कहा, ''प्रणाम पंडित जी! प्रणाम...।''

एक साथ इतनी सारी आवाजें सुनकर पंडित जी ने आशीर्वाद दिया, पर हड़बड़ा गया। झट से खड़ा हो गया और पूछा, ''क्या बात है? तुम सब एक साथ क्यों आई हो? सब परेशान क्यों हो?''

''क्या बताएं पंडित जी? हमारे बच्चों ने आफत खड़ी कर दी है।'' एक महिला ने कहा ''पहले तुम सब लोग चटाई पर बैठो। फिर मैं एक-एक की बात सुनूंगा और कुछ न कुछ उपाय भी बता दूंगा।!'' कहकर पंडित जी ने चटाई बिछा दी।

सभी महिलाएं चटाई पर बैठ गई। उनके सामने पंडित जी बैठे और पूछने लगे, ''हां भाई! अब बताओ क्या बात है?''

''क्या बताएं पंडित जी! हमारे बच्चों के हाथों एक बिल्ली की हत्या हो गई है।'' एक महिला ने कहा। ''क्या कहती हो? बच्चो के हाथों हत्या?'' पंडित जी अचरज में पड़ गए।

तभी दूसरी महिला कहने लगी, ''हां पंडित जी! हमारे बच्चों से घोर पाप हो गया है।'' उनकी बात स्पष्ट नहीं हुई तब पंडित जी ने पूछा, ''किसकी हत्या हुई है थोड़ा साफ-साफ बताओ?''

''क्या कहें पंडित जी! हमारे बच्चें नदी के पास वाले मैदान में खेल रहे थे। तभी वहां एक बिल्ली आई। बच्चे उसे दौड़ाने लगे। डर के मारे बिल्ली नदी में कूद गई और मर गई।''

''ये तो घोर पाप हो गया। अनर्थ हो गया। बच्चों के साथ तुम सब लोग पापी हो गई।'' पंडित जी ने सबको फटकारते हुए कहा। महिलाओं ने एक स्वर में कहा, ''कोई उपाय बताएं पंडित जी! इस पाप से बचने का।''

पंडित जी मन में सोचने लगे, ''अच्छा मौका है। इस सबसे धन कमाने का।'' कुछ सोचते हुए बोले, ''देखो बहनों, उपाय तो है पर थोड़ा कठिन है। यदि पाप से मुक्त होना चाहती हो तो इसके अलावा कोई दूसरा चारा भी नहीं है।'' पंडित ने टका सा जवाब उन महिलाओं को दे दिया।

महिलाएं कहने लगी, ''चाहे जो भी हो पंडित जी! हमें उपाय अवश्य बताएं। हम सब मिलकर उसे पूरा करेंगे।'' पंडित का निशाना ठीक जगह लगा था। वह मन ही मन बहुत प्रसन्न हो रहा था। आज कुछ न कुछ धन हाथ अवश्य आएगा।

तभी सभी बच्चे अपनी मां को ढूंढते-ढूंढते पंडित के घर एकत्र हो गए। सब अपनी-अपनी मां के पास बैठ गए।

पंडित ने कहा, ''देखो इस पाप से बचने का एक ही उपाय है।'' ''जल्दी बताइये पंडित जी! शाम होने वाली है।'' महिलाओं ने कहा। ''तुम सब को एक-एक सोने की बिल्ली दान में देनी पड़ेगी।'' पंडित ने डराते हुए कहा।

महिलाएं खुसुर-फुसुर करने लगी, ''कहां से लाएंगी इतना सोना। यहां घर में खाने को दाना भी नहीं है।'' पंडित की बातों को बच्चे भी सुन रहे थे। तभी उनमें से एक बच्चे ने तपाक से कहा, ''पंडित जी! आपका लड़का संतोष भी हमारे साथ था। तो क्या आप भी सोने की बिल्ली का दान करेंगे?''

बच्चे के सवाल से पंडित हड़बड़ा गया, ''ये क्या मेरा लड़का भी उनमें शामिल था?''

सभी ने कहा, ''पांच-सात लड़के और साथ में संतोष भी।''

तब पंडित ने तपाक से कहा, ''मर गई बिल्ली, किसी का नहीं दोष।''

पंडित के कहे अनुसार किसी का दोष नहीं। क्योंकि बिल्ली खुद नदी में कूदी है। इतना सुनकर सभी महिलाएं खुशी-खुशी अपने घर लौट गईं।

■

सोने का फल

एक गांव की बात है। वहां बहुत से किसान रहते थे। उन सब की खेती व बकरियां थी। इसी गांव में बुद्धु नाम का एक आदमी रहता था। उसके पास खेती-बाड़ी नहीं थी। सो उसने मेहनत-मजदूरी करके बकरियां खरीद ली।

बुद्धु दिन भर बकरियों को लेकर गांव से दूर चला जाता। रात होने के पहले घर लौट आता। बकरियां भी हरी-भरी घास खा कर छक जाती। उछलते-कूदते वापस लौटती।

एक दिन की बात है। गर्मी का दिन था। रोज की तरह बुद्धु बकरियों को लेकर जंगल की ओर चल पड़ा। उस दिन वह दूसरे रास्ते से गया। उधर से वह पहली बार जा रहा था।

जंगल बहुत घना था। पर गर्मियों के कारण पेड़ों की पत्तियां झड़ चुकी थीं। कुछ देर में बुद्धु को बड़ी जोरों की प्यास लगी। दोपहर का समय था। इधर-उधर बहुत ढूंढा पर पानी कहीं नहीं मिला। वह प्यास से व्याकुल हो गया। अंत में थक हार कर एक बरगद के पेड़ के नीचे बैठ गया। बकरियां भी पेड़ की छाया में आकर बैठ गईं।

तभी एक साधु उधर से गुजरा। प्यास से तड़पते बुद्धु को देखा तो उसे दया आ गई। साधु के कमंडल में पानी भरा था। थोड़े फल भी थे। प्यास के मारे बुद्धु की जान निकली जा रही थी। उसका कंठ सूख गया था। तभी साधु उसके पास आए। बोले, "क्या बात है बुद्धु, परेशान क्यों हो?"

वह लड़खड़ाते स्वर में बोला "महाराज! प्यास के मारे मेरी जान निकली जा रही है।" साधु ने झठ से कमंडल को आगे बढ़ाया और कहा "लो इसमें पानी है। पी लो और अपनी प्यास बुझाओ।"

बुद्धु ने तपाक से कमंडल हाथों में पकड़ा और गटागट पूरा पानी पी गया। उसका गला तर हो गया। जान में जान आई। उसने साधु को प्रणाम कर कहा, "महाराज! आज आपने मेरी जान बचा ली।"

साधु ने कहा "आखिर यह जल किस काम आता। इसे मैं खुद पीता या किसी और को देता। अच्छा है मैंने तुम्हें दिया। फिर जरूरतमंद को ही कोई वस्तु दी जानी चाहिए।"

साधु ने अपनी झोली से कुछ फल निकाले और बुद्धु को देते हुए कहा, ''जितना मन करे इनमें से खा लेना और जो बच जाए उसे घर ले जाना। सुरक्षित जगह पर रख देना।'' इतना कहकर वह अपनी राह निकल चला।

प्यास तो बुझ गई थी। पर पेट तो खाली था। फल मिलते ही खाना शुरू कर दिया। एक-एक कर पांच फल खाए। पेट भरा, भूख मिट गई। पांच फल और बच गए। उन्हें अपने साथ घर ले गया। दीवार पर बने आले में उसे रख दिया।

दिन भर का थका-हारा था। रात को गहरी नींद आ गई। सुबह मुर्गे की बांग के साथ ही बुद्धु की नींद खुली। नहाया-धोया और बकरियों को लेकर जंगल जाने की तैयारी करने लगा। उसे फल खाने की इच्छा हुई। जाकर देखा तो आले में रखे फल सोने के हो गए थे। फलों को कई बार छुआ, देखा। उसे बड़ा अचरज हो रहा था।

सोने के फलों को सुरक्षित जगह रखकर बुद्धु जंगल की ओर चला गया। दिन भर सोचता रहा आखिर फल सोने के कैसे हो गए? उनका क्या किया जाए?

शाम होते-होते वापस लौटा। बकरियों को चारा-पानी दिया। खुद खाना खाया और खाट पर सो गया। पर उसे नींद नहीं आ रही थी। वह सोने के फलों के बारे में सोचता रहा।

उसे एक उपाय सूझा, ''क्यों न एक फल को शहर जाकर बेच दूं और बदले में रुपया ले आऊं?'' दूसरी सुबह वह झटपट तैयार हुआ। बकरियों को घर पर ही दाना-पानी दिया। सोने के फल को पोटली में बांधा और शहर की ओर चल पड़ा।

शहर पहुंचते-पहुंचते दोपहर हो गई। शहर में वह सीधे सुनार के पास गया। सोने के फल को दिखाया। सुनार ने पूछा, ''इसे बेचने लाए हो?'' बुद्धु ने कहा, ''हां! भाई। इसकी जो कीमत लगती हो लगा दो और जल्दी से पैसा दे दो।''

सुनार असली सोना देखकर मोहित-सा हो गया। पेटी से झट रुपयों की गड्डी निकाली और बुद्धु को दे दी। वह खुशी-खुशी घर लौट आया। खाना खाया। थोड़ा आराम किया। फिर जरूरी खर्चों के बारे में सोचने लगा।

दूसरे दिन से मकान बनवाना शुरू कर दिया। घर के लिए जरूरी सामान खरीदा। बचे रुपयों से खेती-बाड़ी भी खरीदी। धीरे-धीरे वह गांव का धनी-मानी आदमी बन गया। वह सुखपूर्वक रहने लगा। खेती-बाड़ी करता और बकरियां चराता।

एक दिन गांव के कुछ लोग बुद्धु के पास आए और पूछने लगे, ''भैया बुद्धु! तुम तो बहुत गरीब थे। तुम्हारे पास चार-छः बकरियां थीं। एक झोपड़ी थी। पर अब अच्छा बड़ा मकान है। खेती-बाड़ी भी हो गई?''

दूसरे ने पूछा, "भैया! इतना धन तुम्हें कहां से मिला? जरा बताओ। हम लोग तो इतनी मेहनत करते हैं पर जहां के तहां हैं।"

बुद्धु तो बड़ा भोला-भाला था। घर के भीतर गया और सोने का एक फल लाकर दिखाया। फल को देखकर सबके मन में लालच भर गया। एक ने पूछा, "भैया बुद्धु! यह सोने का फल तुम्हें कहां से मिला?"

बुद्धु ने सारी बात साफ-साफ बता दी। फल को घर में रख दिया। सबने फल को रखते हुए देखा। सब ललचा गए। पर क्या करते? चुपचाप उसके घर से निकले। सभी अपने घर जाकर यही सोचने लगे कि कैसे सोने के फल को पाया जाए। खाना खाकर सब सो गए। पर नींद किसी को नहीं आ रही थी।

रात काफी हो चुकी थी। गांव में सन्नाटा था। सब गहरी नींद में सो रहे थे। एक-एक कर सभी बुद्धु के घर की ओर निकल पड़े। सभी मिलकर फल को निकालने की योजना बनाने लगे। वे चार थे। दो घर के भीतर गए। दो बाहर आने-जाने वालों को देखने के लिए रुक गए।

दोनों घर के भीतर घुसकर फल को खोजने लगे। तभी उनमें से एक जिसने फल को रखते देखा था वह कमरे के भीतर गया। आले में रखे चारों फलों को लेकर निकला। उसी कमरे में बुद्धु सोया था। वह चुपचाप उठा और चोर का पीछा करने लगा।

भीतर घुसे दोनों व्यक्ति बाहर निकले। उसने एक-एक फल बाहर खड़े व्यक्तियों को दिया कि तभी बुद्धु घर से निकला और जोरों से चिल्लाया, "दौड़ो...! पकड़ो..! मेरे घर चोर घुस गए हैं।"

आवाज सुनकर कुछ लोग बुद्धु के घर की ओर दौड़े ताकि चारों भाग न पाए। सबने उनको घेर लिया। चोर गांव के थे इसलिए भाग भी नहीं पाए।

गांव वालों ने पूछा, "बुद्धु! बताओ तुम्हारे घर से क्या चोरी हुई है? उसने सोने के फल की चोरी होने की बात कही।" एक ने पूछा, "बुद्धु! तुम्हारे पास सोने के फल कहां से आए?" बुद्धु ने सारी बात गांव वालो को बता दी।

गांव वालों ने चारों की बहुत निंदा की। फलों को वापस मांगा। सोने के फल असली फल बन गए थे। उन्हें बुद्धु को वापस कर दिया। लालच के कारण उन चारों को शर्मिंदा होना पड़ा।

चारों फलों को बुद्धु ने आले में फिर रख दिया। गहरी नींद सो गया। सुबह देखा तो फल फिर सोने में बदल गए थे। दूसरे दिन वह शहर जाकर चारों फलों को बेच आया। रुपयों से खेती-बाड़ी खरीद ली और सुखपूर्वक रहने लगा।

■

चतुर बहुरिया

एक गांव में ब्राह्मण और ब्राह्मणी रहते थे। दोनों बूढ़े हो गए थे। उनका एक जवान बेटा था। वह पढ़ा-लिखा था। आसपास के गांवों में यजमानी करता था। पूजा-पाठ में जो दान-दक्षिणा मिल जाता, उसी से उनका परिवार चलता।

दोनों को जवान बेटे की शादी की चिंता होने लगी। आसपास में शादी की चर्चा भी छेड़ दी। "बेटा दिनभर इधर-उधर पूजा-पाठ करके थक जाता है। घर में बहू आएगी तो हर प्रकार से सुविधा होगी।" ऐसा सोचकर वे बेटे के लिए बहू की तलाश करने लगे। लड़का जब किसी गांव में यजमानी के लिए जाता तो वहां लोगों के बीच चर्चा कर देता कि उसका ब्याह होना है। सुशील कन्या हो तो बताना।

कुछ दिनों बाद दो ब्राह्मण आए। बूढ़े ब्राह्मण से उसके लड़के के बारे में जानकारी ली। काम-धंधें के बारे में पूछा। घर-द्वार, रहन-सहन देखा। तब उन्होंने अपनी बेटी के बारे में बताया कि उनकी बेटी बड़ी चतुर है। पढ़ी-लिखी और घरेलू कार्य में दक्ष है। तभी उसका बेटा भी घर लौटा। बूढ़ें ब्राह्मण ने बताया, "देखिए यही मेरा बेटा है। बड़ा गुणवान व व्यवहारशील है। आसपास के गांवों मे यजमानी करता है। कथा-पूजा करता है। दान-दक्षिणा में जो मिलता है उसी से हमारा गुजारा होता है।"

घर आए ब्राह्मण ने सबकुछ सोचकर उसके बेटे के साथ अपनी बेटी की शादी करने के लिए हां कर दी। दोनों तरफ शादी की तैयारी होने लगी। नियत समय-तिथि पर दोनों की शादी हो गई। घर में बहू आने से ब्राह्मण-ब्राह्मणी बहुत खुश हुए। बहू रसोई और घर-गृहस्थी का सारा काम हंसी-खुशी से संभालने लगी। उनका बेटा चतुर और कुशल जीवन-साथी पाकर बड़ा सुखी था। दुगुने उत्साह के साथ अपना काम-काज करने लगा। सबकुछ बढ़िया चलने लगा। छोटा परिवार और सरल लोगों के बीच बहुरिया भी खुश थी।

एक दिन की बात है। लड़का दूर गांव से शाम होते-होते यजमानी करके लौटा। थका-मांदा था। दिन ढलते ही खाना खाया और खाट में जाकर सो गया। बहू चौका बर्तन करके अपने कमरे में आई। तब तक लड़का खर्राटे मारने लगा था। बहु को जल्दी नींद नहीं आ रही थी। वह करवटें बदलती रही। रात काफी गहरी हो चली थी। तभी उसे किसी जानवर के

कराहने की आवाज सुनाई दी। वह तुरंत घर से बाहर निकली और देखा... एक शेर खड़ा है। उसका एक पैर जमीन से ऊपर उठा हुआ है। वह सबकुछ समझ गई।

शेर ने भी बहुरिया को देखा। कुयं-कांय किया। इतने में वह समझ गई कि इसके पांव में कांटा गड़ गया है। वह निडर होकर पास में गई। पैर को पकड़ा और पंजे को सीधा कर देखा। कांटा दिखा... निकालकर फेंक दिया। शेर चुपचाप अपने रास्ते चला गया। बहू के मन में संतोष हुआ कि आज उसने किसी जानवर की पीड़ा कम करने में मदद की।

इधर कमरे में अपनी पत्नी को न पाकर लड़का परेशान हो गया। उसके मन में कई तरह की बातें उमड़ने-घुमड़ने लगीं। पर शांत होकर खाट पर लेटा रहा। तभी बहू लौटी। लड़के ने पूछा, ''इतनी रात को सोई नहीं? कमरे में नहीं थी?'' उसने कहा, ''चलो अभी सो जाओ। कुछ खास बात नहीं है। समय आने पर सबकुछ बता दूंगी।''

लड़का अनमना होकर सो गया। बहू भी मन में परोपकार का भाव लिए नींद में खो गई। सुबह उठे तो दोनों अपने-अपने काम में लग गए। बात आयी-गयी हो गई। लड़का भोजन करके यजमानी के लिए निकल गया। रास्ते में वह सोचता रहा हो ''आखिर मेरी पत्नी रात में बाहर क्यों गई होगी? आज रात में इस बात को पूछ कर रहूंगा।''

इधर घर में बहु अपना काम मन लगाकर कर रही थी। बूढ़े ब्राह्मण-ब्राह्मणी बहू के काम से बहुत खुश थे। वह अपने माता-पिता की तरह उनकी सेवा करती। आदर-सम्मान देती। बीच-बीच में तीनों में बातचीत भी होती रहती।

दिन भर पूजा-पाठ का काम निपटाकर लड़का घर लौटा। पर उसके मन में संदेह था। यह बात बहू समझ गई। वह थके-मांदे पति की सेवा में लग गई। रात को सभी भोजन करने बैठे। दो-चार बातें भी हुई। तीनों सोने के लिए चले गए। बहू चौका-बर्तन करने लगी। फिर रसोई घर बंद करके अपने कमरे में आई।

बरसात का मौसम था। रिमझिम पानी बरस रहा था। लड़के ने अपनी पत्नी से पूछा, ''कल रात कहां गई थी? उसके बारे में कुछ नहीं बताया?'' उसने कहा, ''बेकार में संदेह मत करो। समय आने पर मैं सब कुछ बता दूंगी।'' दोनों सोने का प्रयास करने लगे। पर नींद कहां से आने वाली थी? एक के मन में संदेह था तो दूसरे को इसे दूर करने का उपाय एकाएक न सूझ रहा था।

तभी दूर से किसी सियार की आवाज बहू के कानों में सुनाई दी, ''नदी में एक लाश बह रही है। उसके मस्तक में मणि है। आदमी उसे निकाल ले। लाश को किनारे ला दे। मैं उसे खाकर अपनी भूख मिटा लूंगा।'' बहू सियार की भाषा समझती थी। पर मन में भय था।

फिर मन को पक्का करके वह कमरे से बाहर आई। घर का किवाड़ खोला। नदी की ओर जाने लगी।

आवाज से लड़का जाग गया। देखा... उसकी पत्नी बिस्तर पर नहीं हैं। वह हड़बड़ा कर उठ बैठा। मन की शंका तेज हो गई है। सोचने लगा "जरूर दाल में कुछ काला है।" वह अपनी पत्नी का पीछा करने लगा। रात अंधेरी थी। बिजली की चमक से उसकी पत्नी साफ दिखाई दे रही थी। वह नदी के पास जा चुकी थी। वहीं सियार दिखाई दिया। वह लाश की ओर एकटक ताके जा रहा था। बहू को देखते ही अपनी भाषा में कुछ बोलने लगा। उसे समझते हुए वह लाश की तरफ लपकी।

जैसे ही वह लाश के पास गई। उसका पूरा शरीर मणि के प्रकाश से जगमगा उठा। वह लाश को किनारे की ओर खींचने लगी। मणि का प्रकाश भी उसके साथ-साथ आगे बढ़ रहा था। उसका पति दूर खड़े-खड़े सारी घटना को देख रहा था। बहू ने लाश के मस्तक से मणि निकाली। अपने आंचल में रख लिया। लाश को खींचकर नदी के किनारे लाकर छोड़ दिया। सियार को इशारे से बुलाया। फिर वह वापस होने लगी। आंचल में रखी मणि दमक रही थी।

अब उसके पति का शक पक्का हो चुका था। उसने अपनी पत्नी को जादूगरनी समझना शुरू कर दिया। डर के मारे उसका शरीर एकबारगी सिहर गया। उल्टे पांव घर की भागा। रास्ते में कई बार कीचड़ में रपट कर गिर गया। जैसे-तैसे घर पहुंचा। धमाक से घर का किवाड़ खोला और अपने माता-पिता के कमरे की ओर लपका। वे गहरी नींद में सो रहे थे। खाट के पास जाकर उन्हें उठाया। सारी घटना को हांफते-कांपते हुए बताया। उसने अंत में कहा कि उसकी पत्नी जादूगरनी है। उसे मैं इस घर में नहीं रख सकता। उसे कल उसके मायके पहुंचा दो।

बूढ़े ब्राह्मण-ब्राह्मणी को बेटे की बातों पर एकाएक भरोसा नहीं हो रहा था। पर उसी समय उनकी बहू आई। उसके आंचल से मणि का प्रकाश पुंज निकल रहा था। इसे देखकर वे अचकचा गए। उनका मन बहू के लिए बदल गया था। तीनों आपस में बैठकर बातें करने लगे। सोचने लगे कि इसे उसके मायके पहुंचा दें। उसके मां-बाप को सारी बातें साफ-साफ बता दें।

इधर बहू सीधे अपने कमरे में गई। वहां उसका पति नहीं था। उसे खोजते-खोजते सास-ससुर के कमरे में गई। दरवाजा खुला था। भीतर दीया जल रहा था। तीनों बातचीत में लगे थे। बहू को देखते ही वे घबरा गए। वह सारी बात साफ-साफ बताने लगी। पर उन लोगों ने जरा भी भरोसा नहीं किया। वे चुपचाप देखते रहे। वह अपने कमरे में वापस आकर खाट पर सो गई।

बूढ़े ने बेटे से कहा, ''जा बेटा! आज की रात कैसे भी बिता। कल मैं खुद बहू को उसके मायके पहुंचा दूंगा।'' वह चुपचाप कमरे में आया और खाट पर सो गया। बहू ने सारी बात बताना चाही। पर उसे चुप करा दिया और कहा, ''मैं अच्छी तरह से समझ चुका हूं कि तुम जादूगरनी हो। लाश को छूकर आई हो। मैं तुम्हें यहां नहीं रहने दूंगा।'' वह बहस नहीं करना चाहती थी। चुपचाप सो गई।

सुबह होते ही बूढ़े ने बहू को आवाज देकर कहा ''बहू! अपना कपड़ा-लत्ता रख लो। मैं तुम्हें माता-पिता के पास छोड़कर आऊंगा।'' बहू ने सारी बातें भांप ली। सुबह से बहस करने की अपेक्षा मायके जाना ही उचित समझा। उसने कहा, ''ठीक है बापू! मैं तैयार होती हूं।''

अपना गहना-कपड़ा एक पोटली में रखा। बूढ़े को बहू ने आवाज दी, ''बापू! चलिए मैं मायके जाने को तैयार हो गई हूं।'' बूढ़ा भी तैयार बैठा था। दोनों घर से निकल गए।

रास्ता बहुत लंबा था। दोनों चलते-चलते थक गए। शाम हो रही थी। तब बूढ़े ने कहा ''हम थक गए हैं बहू। चलो यहीं पेड़ के नीचे रात गुजारते हैं। कुछ खाने को रखा हो तो उसे निकाल लो।'' बहुरिया भी थकी थी। पेड़ के नीचे बैठ गई। पोटली खोल कर खाने का सामान निकालकर बूढ़े को दिया और खुद भी खाने लगी।

उसी पेड़ पर एक कौआ बैठा था। कांव-कांव कर वह दोनों का ध्यान अपनी ओर खींच रहा था। पर बहू उसकी भाषा समझ रही थी। कुछ देर तक ध्यान नहीं दिया। बूढ़ा कौए की कांव-कांव से परेशान हो गया। वह कहने लगा, ''देखा बहू! कौआ हमें चैन से बैठने तक नहीं दे रहा है।'' उसने कहा, ''उसकी बात वही जाने बापू। वह तो बड़ी खास बात कह रहा है।'' बूढ़ा अचरज में पड़ गया, ''कौआ क्या खास बात कर सकता है?'' वह कुछ देर के लिए चुप हो गया।

बहू कौए की ओर देखने लगी। कौए ने भी बहू को देखा। वह एक बार फिर कांव-कांव करने लगा। तब बहू ने कहा-

''कुछ करनी कुछ करम गति, कुछ पुरबल के भाग।

जम्बू तो ऐसा कहे, तू क्या कहे रे काग॥''

''अरे कौए...! मैं तो तुम्हारी बात पूरी तरह से समझ रही हूं। पर मेरा भाग्य मेरा साथ नहीं दे रहा है। मुझे घर से निकाल दिया गया है। अब तेरी बात मानूंगी तो पता नहीं और क्या होगा?'' बहू की बात सुन बूढ़े ने पूछा ''यहां किससे बात कर रही हो बहू?''

उसने कहा, ''कौए से...!'' ''क्या तुम कौए की भाषा को समझ लेती हो?'' बूढ़े ने लपक कर पूछा। ''हां बापू! मैं सभी पशु-पक्षियों की भाषा अच्छी तरह से समझती हूं।'' बूढ़े को एकाएक भरोसा तो नहीं हो रहा था। पर उसे शाम की घटना याद आ गई। कुछ देर चुप रहा। फिर पूछा, ''चल बता बहू! ये कौआ क्या कह रहा है?''

''अब क्या बताऊं बापू! सियार के कहने पर नदी से बहती लाश निकाली। उसके मस्तक की मणि निकाली। देखो ये मणि..। आपके बेटे ने तो मुझे जादुगरनी कह कर घर से निकाल दिया। इसी बात को समझाना चाहती थी कि मुझे सभी पशु-पक्षियों की भाषा समझ में आती हैं।''

बूढ़े की जिज्ञासा बढ़ती जा रही थी। उसने फिर पूछा, ''बहू कौए की भाषा तो बताओ। ये क्या कह रहा है?'' उसने बताया, ''बापू! ये कह रहा है कि इस पेड़ के पास की बांबी में सात बर्तन गड़े हैं जो सोने-चांदी से भरे हैं। उसकी रखवाली नाग-नागिन का जोड़ा कर रहा। उसे कोई मार कर बाहर फेंक दे तो कौआ उसे खा लेगा और वह सोना-चांदी खोदकर अपने घर ले जाए।''

सोना-चांदी की बात सुनकर बूढ़े का मन खुश हो गया। वह कुछ उपाय सोचने लगा। वह बड़ा बुद्धिमान था। उसने कहा, ''बहू! सुबह होने दो। हम लोग पास के गांव जाकर एक टिन तेल लायेंगे और खोदने के लिए फावड़ा-कुदाल ले आएंगे। तेल को गरम करके बांबी में डालेंगे। फिर नाग-नागिन मर जाएंगे। उसे निकालने के बाद बर्तनों को खोदकर निकाल लेंगे।''

''ठीक है बापू! जैसा आप उचित समझें। मेरी बातों पर भरोसा है तो बांबी को खोदकर देखिए। बात सच निकली तो हम धनवान हो जाएंगे। दोनों को रातभर ठीक से नींद नहीं आई। सुबह होते ही दोनों पास ही नदी के पास गए। गांव के लोग भी नहाने के लिए आने लगे थे। वे इनको अजनबियों की तरह देखने लगे। नहा लेने के बाद बूढ़े ने एक आदमी के पास जाकर बातचीत शुरू की। कुदाल-फावड़ा की मांग की। वे देने को तैयार हो गए।''

साथ में बहू भी गांव की ओर गई। खाने का सामान भी खरीद लाई। दोनों पेड़ के पास वापस आए। सारा सामान पेड़ के नीचे रख दिया। पहले खाना खाया। बहू आसपास के पत्थरों के टुकड़े उठाकर ले आई। चूल्हा बनाकर तेल को गर्म करने लगी। बूढ़ा बांबी के पास जाकर झांकने लगा कि कितनी गहराई में नाग-नागिन होंगे? चूल्हा धधक कर जलने लगा। तेल खौलने लगा। दोनों ने मिलकर टिन को दबाकर उठाया। तेल बांबी के छिद्र में डाल दिया।

गरम-गरम तेल की धार बांबी में सीधी उसी जगह गई जहां नाग-नागिन थे। दोनों जलकर अकड़ गए। जलने की गंध बाहर तक आ रही थी। बूढ़े ने कुदाल उठाया और खोदने

लगा। लगभग घंटे भर की खुदाई के बाद बूढ़ा थक कर चूर हो गया। बहू फावड़े से मिटटी को एक तरफ सरकाते जा रही थी।

कौआ कांव-कांव कर दोनों को खुदाई के लिए प्रेरित कर रहा था। बहू उसकी सारी बातों को समझ रही थी। बूढ़ा फिर से खोदने लगा। आठ-दस कुदाल ही मारे होंगे कि तभी ठक... की आवाज आई। बूढ़ा चहक कर बोला....... "बहू!... मिल गया बर्तन। इसी में होगा सोना-चांदी...!" "चलो बापू! पहले पूरा खोद लो। तभी पता चलेगा।" कुछ देर खोदने के बाद ही बर्तन पूरा दिखाई दिया। उनकी आंखे चौंधिया गई।

बूढ़े ने कहा-"बहू! इतना भारी बर्तन हम लोग कैसे लेकर जाएंगे। एक ही बर्तन को लेकर घर लौट चलते हैं। बेटे को बताकर फिर सारे बर्तन उठाकर ले जाएंगे।" बहू को बूढ़े की बात जच गई। दोनों मिलकर एक हंडी को बाहर निकालने लगे। तभी मरे हुए नाग-नागिन दिख गए। उसे निकाल कर थोड़ी दूर में फेंक दिया। उन्हें कौआ ताक रहा था। वह झट से वहां पर जाकर मांस को नोचने लगा।

एक हंडी को निकालने के बाद दोनों ने बांबी को फिर से पाट दिया। बहू ने हंडी को पोटली में बांध लिया। गांव जाकर कुदाल-फावड़ा को वापस कर दिया। दोनों वापस अपने गांव लौटे। रास्ते में बूढ़े ने बेटे को समझाने की बात कही। साथ में यह भी कि जब वह मणि और सोने की हंडी देखेगा तो उसे अवश्य भरोसा हो जाएगा। ऐसा सोचते हुए लौटे तो शाम हो गई थी। लड़का भी घर लौट आया था। बुढ़िया खाना बनाने में लगी थी। दोनों को वापस आया देखकर लड़का फिर तिलमिला उठा। उसने पूछा "बाबू जी! इस जादूगरी को यहां क्यों ले आए? बूढ़े ने कहा-"हां बेटा! यह जादूगरनी है। पर तुम जैसी सोच रहे थे, वैसी नहीं है। जरा इधर आ। देख इस हांडी को।

"आहा...! सोना-चांदी, मणि.... ? कहां से उठा लाए बाबू जी....। कहीं चोरी तो नही कर ली?" वह सकपका गया। "अरे बेटा! तेरी तो मत मारी गई है। कुछ का कुछ बोलते रहता हैं। जरा शांति से बैठ सारी बात बताते हैं। चल बता दे बेटी!" बूढ़े ने कहा।

बहू बताने लगी, "उसे पशु-पक्षियों की भाषा का ज्ञान है। पहली बार सियार के कहने पर लाश के मस्तक से मणि निकाली। ये देख लो मणि...! अब दूसरी बार रास्ते चलते समय कौवे ने सोना-चांदी भरी हंडी गड़े होने की बात कही। खुदाई करने पर हंडी मिली है। अभी वहां छः हंडियां छोड़कर आए हैं। उसे लाने के बारे में विचार करो।"

अब लड़के को भरोसा हो गया। उसकी पत्नी जादूगरनी नहीं। बल्कि पशु-पक्षियों की बोली-भाषा की जानकारी रखती हैं। वह कुछ देर के लिए धोखा खा गया। उससे बड़ी भूल

हुई है। तब तक खाना बन गया था। बहू ने भी रसोई में हाथ बटाना शुरू कर दिया। चारों भोजन के बाद सो गए। हंडी को सुरक्षित रख दिया।

बूढ़े ब्राह्मण को नींद नहीं आ रही थी। उसे उन छह हंडियों की चिंता थी जो पेड़ के नीचे बांबी में दबी पड़ी थी। एक उपाय सूझा। क्यों न एक बैलगाड़ी तैयार कर ली जाए? सूखी-कच्ची पेड़ की शाखाओं के बीच हंडियों को छिपाकर ले आएंगे। जैसे-तैसे रात बीत गई। सुबह होते ही चारों एक जगह बैठकर चर्चा करने लगे। तभी बूढ़े ने अपना उपाय बताया कि बैलगाड़ी में हंडियों को पेड़ की सूखी-हरी शाखाओं के बीच छिपाकर ले आएंगे। उपाय अच्छा था।

तब लड़के ने कहा, "चलो जल्दी तैयार होते हैं। शुभ काम में देरी क्यों करें?" सभी दैनिक क्रियाकलाप में लग गए। बूढ़ा ब्राह्मण गांव में एक किसान के पास जाकर बैलगाड़ी तैयार करवा लाया। ऐसे-तैसे दोपहर हो गई। खाना खाकर ब्राह्मण, उसका लड़का, बहू और साथ में गाड़ी हांकने वाला किसान भी तैयार हो गए। सभी गाड़ी पर सवार होकर चलने लगे। कुदाल-फावड़ा, टंगिया भी रख लिए। पेड़ के पास पहुंचते-पहुंचते शाम हो गई थी। गाड़ी को खड़ी कर दिया। चारों आसपास का नजारा देखने लगे। कौआ अभी भी वहीं था। वह कांव-कांव करने लगा। बहू उसकी भाषा समझ रही थी। रात होने पर खाना खाकर चारो सो गए।

सुबह होते ही बूढ़ा और उसका बेटा बांबी को खोदने लगे। किसान पेड़ों की डालियां काटने चला गया। झटपट बांबी खोद डाली। छहों हंडियों को एक-एक करके बाहर निकाल लिया और तुरंत गाड़ी पर लाकर रख दिया। आसपास के पेड़ों की पत्तियां लाकर हंडियों को ढक दिया। तब तक किसान ने ढेर सारी डालियां काट ली। तीनों ने उसके साथ जाकर डालियां लाकर गाड़ी पर लाद ली। किसान को किसी बात की खबर न लगी।

दोपहर को वे घर की ओर वापस हुए। गाड़ी गड़गड़ कर चलने लगी। शाम होते-होते वे घर पहुंचे। गाड़ी घर के सामने खड़ी करके लदी डालियां उतारने लगे। अंधेरा हो गया था। किसान बैलों को लेकर घर चला गया। झटपट छहों हंडियों को घर में ले गए। गाड़ी वापस कर दी। बूढ़ी ब्राह्मणी को सबकुछ सपना-सा लग रहा था। हंडियों को सुरक्षित रखकर भोजन का इंतजार करने लगे। बहू भी हाथ बंटाने लगी।

भोजन के बाद चारों ने हंडियों को कमरे में गाड़ देना उचित समझा। ताकि जरूरत के अनुसार धन खर्च किया जाए। धीरे-धीरे ब्राह्मण धनवान हो गया। मकान अच्छा बनवा लिया।

अच्छा खानपान, पहनावा भी ठीक-ठाक हो गया। सभी की नजरों में वे धनवान हो गए। सब कुछ अच्छा चलने लगा। लड़का अपना यजमानी का काम और उत्साह से करने लगा। तब एक दिन बूढ़े ने अपने बेटे से कहा, ''देख बेटा! तू ही बहू को जादूगरनी कहकर घर से निकाल रहा था। पर वह बड़ी चतुर निकली। उसी की बदौलत हम सुख से दिन बिता रहे हैं।'' ''हां बाबू जी! उसे समझने में मैं भूल कर रहा था। ऐसी चतुर बहुरिया सभी को मिले।'' आगे का जीवन चारों ने सुखपूर्वक बिताया।

■